# 有教养的人
# 才知道的事

もっと！
「育ちがいい人」だけが
知っていること

[日]谏内江美 著　朱悦玮 译

諏内えみ

湖南文艺出版社
HUNAN LITERATURE AND ART PUBLISHING HOUSE

博集天卷
CS-BOOKY

MOTTO SODACHI GA II HITO DAKEGA SHITTEIRU KOTO
by Emi Sunai
Copyright ©2020 by Emi Sunai
All rights reserved.
Original Japanese edition published by Diamond, Inc.
Simplified Chinese edition is published by arrangement with Emi Sunai
through Hana Alliance Consulting Co. Ltd.,

著作权合同登记号：图字 18-2023-179

**图书在版编目（CIP）数据**

有教养的人才知道的事 /（日）诹内江美著；朱悦
玮译 . -- 长沙：湖南文艺出版社，2023.9
　　ISBN 978-7-5726-1322-7

Ⅰ . ①有… Ⅱ . ①诹… ②朱… Ⅲ . ①社交礼仪－通
俗读物 Ⅳ . ① C912.12-49

中国国家版本馆 CIP 数据核字（2023）第 132899 号

上架建议：社交礼仪

YOU JIAOYANG DE REN CAI ZHIDAO DE SHI
**有教养的人才知道的事**

著　　　者：[日]诹内江美
译　　　者：朱悦玮
出 版 人：陈新文
责任编辑：吕苗莉
监　　制：邢越超
策划编辑：李齐章
特约编辑：彭诗雨
版权支持：辛　艳　金　哲
营销支持：文刀刀　周　茜
封面设计：利　锐
版式设计：李　洁
封面插图：季智清
内文排版：百朗文化
出　　版：湖南文艺出版社
　　　　　（长沙市雨花区东二环一段 508 号　邮编：410014）
网　　址：www.hnwy.net
印　　刷：三河市中晟雅豪印务有限公司
经　　销：新华书店
开　　本：775 mm×1120 mm　1/32
字　　数：200 千字
印　　张：7.75
版　　次：2023 年 9 月第 1 版
印　　次：2023 年 9 月第 1 次印刷
书　　号：ISBN 978-7-5726-1322-7
定　　价：45.00 元

若有质量问题，请致电质量监督电话：010-59096394
团购电话：010-59320018

# 前　言

"我在日常生活中遇到很多事情，因为教礼仪的书上没有写，所以不知道自己做得对不对，可以教教我吗？"

我上一本书的责任编辑 N 女士第一次来我的学校时提出了这样的问题。于是，我立刻就回答她："刚好！我在学校教的就是这些内容。"

我主办的"LIVIUM 礼仪学校"以及"名校亲子礼仪教室"，就是教人如何在言谈举止中展现良好的教养。

来参加学习的学员们，都是为了能够在相亲、面试、就职、红白喜事等人生大事的场面中表现得体的人。

而在课堂上，很多学员都表示担心自己在日常生活中无意识的言谈举止有失礼节，害怕自己没有对他人表现出应有的关心。这使我感觉到"与礼仪相关的举止和常识"也很重要。

给人留下良好的印象不仅限于初次见面的时候，而是在生活中的每个场面都要表现得有教养。

无意识的言谈举止，往往更能表现出一个人的本质。

"真是个了不起的人！"

"没想到是个没什么教养的人，真遗憾！"

这种印象上的差距，都是因为一些细枝末节的小事。

万一你不经意间的举动，传达出了与你想要传达的完全相反的信息怎么办？如果你本来是善意，却因为遣词造句的缘故而让对方误以为是恶意怎么办？出现这样的情况岂不是太令人遗憾了吗？

一定有很多人为此苦恼吧！我希望能够将交往中让人感觉有教养的经验传递给更多的人——正是带着这样的想法，我写了这本书。


说起"教养"，很多人都认为这是"一生都无法改变的东西"，是"与生俱来的"。

此外，还有人认为，长大成人之后仍然不懂得这些常识和礼仪是一件很丢人的事，所以干脆对此避而不谈。

正如我常说的那样，"教养"并不是少数人特有的优点。

"教养"其实就是一个人在言谈举止上的表现。只要得到了正确的指引，任何人都可以改变自己的"教养"。这也是我在本书中想要反复强调的。

可能是和我的这种想法产生了共鸣，对此感兴趣的读者比我预想中的要多得多。但是像"在这样的时候应该怎么做才好呢""前几天遇到了这样的情况，不知道自己做得对不对"这样的声音也多了起来。

事实上，我作为礼仪指导师，也愈发感觉到随着时代的发展和社会环境的变化，礼仪的标准和方法也经常需要根据对象和状况来随机应变。

因此，我认为有必要创作一本书，对当今社会必不可少的礼仪举止加以介绍。在日常的生活、工作以及人际交往之中，大家一定遇到过"在这种时候，如果是有教养的人会怎么做呢"的情况吧？

本书从用餐、拜访、商业活动、购物等日常场面入手，设计了259个与言谈举止有关的场面，并逐一介绍有教养的人会采取的应对方法。

此外，关于最近热门的互联网礼仪以及对他人的健康关怀等现在有必要考虑的话题，我也将在本书中做简单介绍。

常识与礼仪是随时代的变化而改变的。

然而：

- 关怀他人的爱心
- 让自己和周围的人都感到心情舒畅的优雅举止
- 不卑不亢地将应该传达的信息传达出去的态度

这些作为一个有教养的人应该拥有的核心理念，在任何时代都不会改变。

只要拥有这些理念，即使在绝大多数人都不知道应该如何是好的情况下，你也能够做出合适的应对，在任何时候都表现得自信、优雅。

如果本书能够帮助诸位拥有这样的理念，将是我最大的荣幸。

## 第一章　外表

### 着装

### 生活

第二章　言谈

话题

称赞

第三章 举止

## 第四章　餐桌礼仪

### 在餐厅

# 第五章　公共场合的举止

# 第六章　人际交往

## 第七章　工作礼仪

### 举止

### 交换名片

## 传达方法

## 电子邮件·在线交流

## 结语 _222

在任何场所都不会让人感觉奇怪，兼具品位与时尚的着装。

这是有教养的人选择服装的基本常识。

选择与场合相符的服装。

拥有正确着装的知识。

通过每一个细节流露出严谨的生活态度。

展现自己的品位与从容。

给人留下清爽干净的感觉。

重视季节感。

只要能做到以上几点，就会使人感觉到你是一个有教养的人。

# 第一章

## 外表

# 着　装

## 1

### 重要时刻的正确着装

　　商务接待、相亲、与地位比自己高的人共进晚餐、去别人家拜访……像这样的重要时刻如何着装确实很让人苦恼。如果是穿长裤显得过于休闲，穿紧身裙又显得过于正式的场合，那么穿喇叭裙或百褶裙是给人留下良好印象的好选择。

　　连衣裙也是不错的选择，因为不用考虑上装与下装之间的搭配，十分方便。但连衣裙由于设计上的缘故，坐在沙发上的时候裙摆会被拉起来，所以要时刻注意裙摆的长度。在不知道要去什么场所的情况下，喇叭裙或百褶裙是很好的选择。

## 2

## 正式场合谨慎选长裤

穿长裤的服装搭配会降低着装的正式度。如果是老年人的话，在正式场合穿比较时尚的西装裤没什么问题，但年轻人在与长辈见面或者去见男朋友的父母时，最好不要选择长裤。此外，穿裙子的时候不要搭配打底长裤。因为这样会显得过于休闲，容易给长辈留下不好的印象。

在选择服装时不能只想着流行和时尚，也要注意是否搭配得当，这是有教养的表现。

## 3

## 着重装扮上半身

在参加聚餐和相亲宴的时候，则需要注意上半身的搭配。因为不管你穿着多么漂亮的裙子，坐下去之后都会被餐桌挡住，导致别人无法看到，所以在绝大部分时间都坐在餐桌旁边的情况下，上半身的装扮就显得非常重要。

荷叶边、蕾丝花边以及雪纺面料，这些男性绝对不会有的服装元素能够更好地突出你的女性气息。

## 4
## 半正式的场合不要穿羊绒服装

优质的羊绒毛衣使人看起来既优雅又有品位。圆领或高领的毛衣与开襟毛衣的组合，不管对年轻人还是老年人来说，都是外出时的绝佳组合。

但因为毛衣并不适合正式或半正式的场合，所以不管是品质多好的羊绒服装，都要尽量避免选择。

在"时尚餐厅"吃午餐的话，穿羊绒服装没什么问题。但要是在高档餐厅吃晚餐，羊绒服装就不合适了。

## 5
### 棉麻面料也要谨慎选择

棉麻面料的春装和夏装不仅款式好看，穿在身上也很舒服，我非常喜欢。给人一种放松和休闲感觉的棉麻外套，作为度假时的服装十分合适。但棉麻这种面料很容易留下褶皱，所以在正式的场合绝对不能穿棉麻面料的服装。

如果只打算在非正式的场合穿，或者就是喜欢棉麻面料的自然褶皱感，购买棉麻面料的服装没有任何问题。不过，有的棉麻服装为了保持一定的硬度，会在其中混入其他的材质避免出现褶皱，所以在购买棉麻面料的服装时需要仔细确认面料成分表。

## 6
### 与地位比自己高的人见面时不能带名牌包吗？

与老师、前辈、男朋友的父母　起用餐，与丈夫　起回老家探亲的时候，应该带着价格昂贵的名牌包吗？尤其是临近结婚和婚后不久的这段时间，或许是女方最在意男方家的父母与姐妹对自己的看法的时期。名牌包和昂贵的首饰等很有可能会引起对方别的想法。在这种时候，应该观察和了解对方的价值观以及对随身物品的喜好，避免尴尬。懂得调整与平衡，也是"有教养"的表现。

## 7

### 与地位比自己高的人见面时失礼的服装

与地位比自己高的人见面时，穿得体的服装非常重要，这样才能避免给对方留下不好的印象。因此，应该在着装上表现出对对方的尊敬之情。以下这些选择可能会被对方看作有失礼节，应该尽量避免。

- 坎肩、吊带等比较暴露的服装
- 双肩包
- 宽檐帽子

- 过高的高跟鞋

- 厚底鞋

- 运动鞋

- 牛仔布面料的服装

- 彩色紧身裤、网纹裤袜

- 短袜与高筒袜

- 脚链、编织手带

- 许多耳环

- 太阳镜

- 过于明亮的发色

- 过长的指甲

- 夸张的美甲

- 品牌特征明显的手提包

- 味道强烈的香水

- 臃肿的羽绒服

## 8

### 在三周之内与任何人见面都没问题的美甲

春季的桃花与樱花，夏季的海洋与热带风情，秋季的落叶色与万圣节主题，冬季的圣诞树……在不同的季节与节日选择合适的美甲是女性的乐趣之一。但美甲即使能够得到同事和好友的称赞，也要考虑与其他人见面时的情况。水晶美甲因为不能随时卸除，所以在做之前一定要将各种情况都考虑周全。

今天也很有精神呢！

## 9

### 不做美甲是否就万事大吉了？

或许有人会说，既然美甲会带来这么多的麻烦，不做美甲不就好了吗？但在有些场合，指甲也需要打扮得漂漂亮亮的。尤其是在对装扮有要求的正式场合，与华美的服装相匹配的美甲也是女性注重仪表和拥有良好教养的表现。即使是从事医护工作等因为工作关系平时不能做美甲的人，也可以用能够自由拆卸的美甲贴来让自己的指甲变得漂亮起来。

## 10

### 在户外穿凉鞋时，足部美甲也必不可少

有的人会因为职业的关系而无法在手上做美甲，但在脚上做美甲应该没什么问题吧。仅仅在脚尖上做一点点装饰，就能提高整个人的美感。在户外穿凉鞋的时候，足部美甲更是必不可少。即使不在春夏季节，进入室内和试衣间的时候也需要脱鞋，所以足部美甲应该时刻保持。脱掉鞋子时透过丝袜显出美甲的颜色……女性的品位和优雅就存在于这些细节之中。

## 生  活

### 11
### 建议女性准备两条手帕

　　你在包里放了几条手帕（编者注：在日本，女性出门常会带上"两手一口"，也就是手账本、手帕和口罩）呢？随身携带漂亮的手帕是女性的好习惯。但如果是洗手后擦过手或者擦汗后被浸湿的手帕，你也不愿意继续用了吧！

　　此外，有时候还难免会将手帕借给别人。如果这个时候递给别人一条用过之后湿漉漉的手帕，对方也会感到很不舒服。因此，时刻保持身上有两条干净的手帕就不必有这种担心了。正如"男性随身携带手帕是为了借给女性"一样，女性也需要考虑到会将手帕借给别人的可能性，随时做好准备。

## *12*

## 随身携带一条优质的白色手帕

在一些正式场合中，使用彩色的手帕会显得不够严肃。作为一名成熟的女性，应该随身携带一条优质的白色手帕，如果绣上自己名字的首字母就更好了。不管遇到什么情况都能不慌不忙地做好准备，也是有教养的表现。

## *13*

## 使用街上分发的纸巾时

街上分发的纸巾往往会在袋子里夹带广告，所以在使用之前要将广告拿掉。此外，使用布制的纸巾袋会给人留下严谨和从容的印象，但如果这个纸巾袋又旧又脏的话，反而会显得自己邋遢。所以，请各位务必注意。

## *14*

## 脱掉衣服后要及时收拾好

出门之前穿的居家服和睡衣随便地扔在床上，回到家之后将脱下的外套和手提包等随便地扔在沙发或椅子上。心里想着"现在没时间""以后再收拾"，结果这些东西越堆越多。

等随手扔在一边的东西积攒多了之后再一起收拾，反而会花费更多时间和精力。如果将衣服脱掉之后马上就收拾好，不但能保持房间的整洁，而且能时刻保持舒畅的心情。

最重要的是，保持房间的整洁就不会因为"哎呀，必须收拾一下了……"而感到烦躁，避免自己在不知不觉中积累压力。

## 15
## 不要连续两天穿同样的鞋子

你有没有同一双鞋连续穿了两天的时候？穿过一天的鞋子要想彻底干燥，所需要的时间比我们想象中的更长。就像不能连续两天穿同样的衣服一样，鞋子也需要休息，这样才能让鞋子长久地保持良好的状态，而且穿上的时候也会让你感觉更加舒适。

## 16
## 有些时候不要一物多用

对每天都十分繁忙的人来说，能"一物多用"的东西十分方便。但这种东西难免在效果和功能上有所下降，因此容易与"懒散"和"邋遢"联系起来。

没有专门的茶杯和咖啡杯，不管是绿茶还是咖啡全都用一个马克杯米喝。不管吃日餐还是西餐全都装在一个万能的餐盘里。不用名片夹，把名片、员工卡和交通卡全都放在同一个卡包里……这样做能称得上在认真地生活吗？请偶尔审视一下自己吧！

## 17

### 使用书签的人显得更加从容

当书还没有读完的时候，你会怎样做标记呢？用买书的时候书店打印的收银条，还是用封面的折叠部分？或者用便利贴？

如果你使用的是漂亮的书签，那么就说明你是一个内心从容而且教养很好的人。

对于爱书之人，不妨赠送皮革或银制的书签作为礼物吧！

## *18*

## 用专门的裁纸刀来开封

在打开结婚典礼或展览会的邀请函时，如果用手撕开会显得过于粗鲁，而且参差不齐的开口看起来也不美观。用剪刀的话又害怕剪坏了里面的纸张，所以在这种时候一定要用专门的裁纸刀。

广告邮件、信用卡邮件、各种通知等，在日常生活中需要开封的情况其实十分常见。准备一个专门用来开封的裁纸刀，能让你的生活变得更加优雅和充实。

正确使用敬语。

说话有始有终。

选择合适的话题。

能够灵活地回避消极的话题和氛围。

该拒绝的时候果断拒绝。

有主见并能够清楚地表达出来。

不让对方感到难堪。

能够将难以启齿的话巧妙地说出来。

这些你都能做到吗?

"有教养的人"不仅要有品行，还要有智慧。

年龄越增长越要注意说话之道，优雅的谈吐会成为你最可靠的

武器。

# 第二章

言　谈

## 19

### 询问别人的住所有失礼节吗?

在和别人聊天的时候，有的人喜欢用"您住在哪里呀""距离您家最近的车站在哪儿"之类的问题来作为开场白。但并不是所有人都愿意回答这样的问题，尤其初次见面的人更是如此。

在这种时候，为了不引起对方的反感，比较合适的问法是"从您家到这里不远吧"。

涉及个人信息的话题不要问得太细，如果对方回答得也很模糊，最好不要继续追问下去。

## 20

### 可以问对方丈夫的公司名称吗?

在询问对方以及对方家人的职业和工作单位时，不能直接问"您丈夫是做什么的？""在哪家公司？"，而是应该尽量委婉地询问。

"您丈夫从事的是哪方面的工作？"像这样笼统地询问才是有教养的表现。

## 21

### 不能和妈妈友说孩子考试的话题

幼儿园和小学入学考试，以及中学、高中、大学等一切和孩子的前途有关系的话题都应该避免。毕竟谈论孩子的话题比谈论自己的话题更令人焦虑。

当有人提起这类话题时，可以用"大家都是怎么选择的呢？"或者"还没有决定"等含糊的回答搪塞过去。

如果哪位妈妈友（编者注：在日本，"妈妈友"是指年幼孩子的母亲之间的交友形式）毫无顾忌地询问"你家孩子去幼儿园面试了吗？""你家孩子去了哪个小学？"，或许应该考虑一下是否要继续与她交往下去。

## 22

### 如何应对流言？

当有人说起负面的流言和闲话时，如果自己也跟着附和"确实很过分呢""难以置信，真讨厌"，就难免会让别人以为你也是个爱说闲话的人。

所以，在这种时候正确的做法是只接受事实但不予评论，比如可以用"原来是这样，说起来……"切换其他的话题。

这样做可以让对方知道你是一个"不喜欢说闲话的人"，或许也会让对方反省"我竟然说出了这么没礼貌的话，真丢人啊"。

## 23

### 被问到不想回答的问题时怎么办？

"还不结婚吗？""找到工作了吗？""该要孩子了吧？"即使问的人没有恶意，但每个人都有自己不想被问到的问题。

在这种时候应该怎么做呢？

可以直截了当地回答"这么问的话，会让我很难堪……""虽然最近常有人这么问，但我可以不回答吗"。对方应该也能够意识到自己问了一个很没有礼貌的问题。

## 24

## 说客套话也要看场合

"下次一起吃饭。""有机会一起喝一杯，等我电话。"对绝大多数人来说，这些只不过是客套话而已。但并非所有人都是这样认为，有的人会真的等待你的邀请，并因为你迟迟没有打来电话而感到担心。

这种情况因人而异，所以在说客套话之前，要先思考一下身处的环境和与对方的关系。

## 称 赞

### 25

#### 不能夸上了年纪的人"可爱"吗？

"可爱"虽然是称赞别人的话，但不能对长辈说。

如果实在想表达"可爱"的感受，也不能直接说"好可爱"，而是要先向对方解释清楚，比如，"虽然有些失礼，但我认为您真的很可爱""对长辈这么说可能有些失礼……"。

### 26

#### 尽量少用"可爱""漂亮"

女高中生总喜欢把"好可爱"挂在嘴边，但作为一名成年人，应该尽量避免这样说。同样，"好漂亮"也会给人一种说话没头没尾的感觉，应该尽量少用。

在称赞别人的时候，用"颜色很鲜艳""这款丝绸显得很高档，和您非常相称"之类具体的表述，能够让人感觉你是在由衷地赞美别人。

这么高品质的丝绸搭配如此高雅的颜色，真是太适合您了！

## 27

### 可以说"您好年轻"吗？

女性很喜欢被别人说"您看起来好年轻啊"。

但说这句话的前提是"知道对方的年龄"。如果对不知道实际年龄的人说"您好年轻"，对方可能会有"她觉得我多大了……"这种复杂的感受。如果不考虑这一点，就很有可能说出让对方感到难堪的话，所以请一定要注意。

## 28
### 可以说"您今天很漂亮"吗？

"您今天很漂亮！""哎？只有今天吗？""不不，今天也很漂亮！"您是否和朋友也开过这样的玩笑呢（笑）。因为总是听别人这么说，有时候自己也会不自觉地说出同样的话。

如果是开玩笑的话倒没什么，但如果是对关系没那么亲密的人说出这样的话，恐怕会给人留下不好的印象吧。所以，想称赞别人的时候，别忘了加上"特别""非常""比平时"之类的修饰语，比如，"您今天特别漂亮""哇，您今天比平时更美丽"。

## 29

### 多称赞对方的能力

如果对方有特别擅长的事情，就可以放心大胆地称赞对方。"您工作效率很高，让我肃然起敬""您的运动神经真是出类拔萃""我好羡慕您的文笔，希望自己也能写出这么好的文章"。

即使是认为"我不擅长称赞别人"的人，只要养成多关注他人优点的习惯，就能不断地发现对方值得称赞的地方。

## 30

### 称赞他人时的注意事项

当你称赞别人"你好漂亮，我好羡慕你啊"的时候，有的人可能并不会因此感到开心。尤其是称赞别人的容貌时，更要注意。

虽然现代社会以瘦为美，但有的人忽然瘦下来可能是因为身患疾病或者压力太大，还有的人并不喜欢瘦削的身材，所以贸然称赞对方"你好瘦啊"并不妥当。同样，称赞对方"你的眼睛真大""你细长的眼角好漂亮"等也要注意。

## 31

### 称赞外国人时的注意事项

当对方是西方人时，他审美的基准可能和东方人不同。而且现在世界上并不提倡以貌取人，所以想称赞对方的时候尽量不要提到外貌。或者解释一下："在我们国家，认为这样很漂亮。"

## 说话方式

### 32
### 降低音调更有魅力

我在讲课的时候，经常会告诉学员"像好莱坞的女星那样，稍微压低声音说话的女性更有魅力"。

女性大多喜欢用甜美可爱的声音说话，但如果自己天生的嗓音比较低沉，故意抬高音调说话反而显得不自然。

低声优雅地说话更能给人留下成熟、从容、有品位的印象。

## 33

### 不要用网络流行语

　　"这个咖啡真是绝了""今天的面试又GG（失败）了""做了件错事，这次可真的社死了""好嗨呀，和朋友一起去听了音乐会"。

　　如果你听到这样的话感觉没什么问题，那就要注意了。因为这些都是现在网络上的流行语。可能有的人认为这样说也没什么，但很有可能在不经意间就会影响到别人对你或者你所属企业的评价。尤其是上了年纪的人，大多不喜欢这样的网络词语，请多加注意吧！

## 34

### 不要说"我×"和"贼香"

　　不管是男性还是女性，在情绪产生剧烈波动的时候都很容易脱口而出"我×"，在吃到美味的食物时也会忍不住说"贼香"。尤其是女性，说这样的话会让长辈认为你是个没礼貌的人。

此外，很多人在日常生活中经常喜欢说"不会吧"，这句话也显得没有礼貌。一些生活中常用的词语，一开始说和听的时候可能会感觉有些不合适，但习惯之后就感觉不到了，这是最可怕的。

为了不让自己的感觉变得迟钝，请在日常用语上保持敏感吧！

## 35

## 随声附和的时候要注意变化和节奏

随声附和表示"我正在认真听你的话"，在与别人进行对话时，有的人几乎不会随声附和，有的人很少随声附和，有的人则过多随声附和。

但即使在适当的时机随声附和，如果总是重复同样的话，还是会让对方认为"他并没有认真听我说话""他只是在敷衍我"。

一般情况下，比较常用"嗯""是""是吗"等短语来随声附和。但也可以根据当时的情况和与对方之间的关系，适当地调整随声附和的方式，比如，"原来如此""没错，就是这样""竟然是这样""也行吧"。

如果重复了五次"是的"，下一次就换成"嗯嗯"，像这样适当地进行调整，就能给对方留下"他在认真听我说话"的印象。

## 关 心

### 36

### "加油"的反效果

当想给别人鼓劲或应援（编者注：指粉丝为喜爱的偶像加油助威）的时候，很多人都会自然而然地说出"加油"。但即使你是在由衷地传达支持的心情，也可能会让对方感觉你是在敷衍，这种想法因人而异。

以我个人为例，在别人要去参加考试的时候，我会说："希望你能发挥出正常的水平，请注意身体，不要生病。"

## 37

### 尽量避免"袖手旁观的应援"

在别人感到困扰或烦恼的时候，你有没有说过"虽然我帮不上什么忙，但我从精神上支持你""虽然我什么也做不了……但要是一切顺利就好了"之类的话呢？

"我帮不上什么忙""什么也做不了"这种说法会给人一种冷冰冰的感觉。就算是真的无能为力，也要说"如果有什么我能帮上忙的地方尽管说"，将自己愿意全力以赴提供帮助的态度传达给对方非常重要。

## 38

### 被问到"想吃什么"的时候应该如何回答？

当别人问你"想吃什么"的时候，你有没有因为怕麻烦而不愿意选择店铺，于是回答"只要不吃西餐就行……"呢？

可能你觉得自己的回答挺周到，但有的人听到这样的回答会感到不高兴，"我问你想吃什么，你怎么回答不想吃的东西"。在这种情况下，直接说"我想吃……"是最好的回答方式。

如果实在想说"除了……"，最好同时将理由告诉对方，比如"我最近一直在吃西餐，所以想吃点别的""我吃不了辣的，除了川菜什么都行"。

## 39
## 不要说"随便"

"想去哪儿？""随便。""想吃什么？""随便。"这样的回答方式会让对方感到非常困扰。

将自己的想法准确地传达出来，也是有教养的表现。那么，如果真的想让对方来选择，应该怎么做比较好呢？

比如，对方问你"想吃什么"，你可以回答"今天想吃你喜欢吃的东西"。但要是总这么说，容易让对方认为你是个没主见的人，所以一定要在前面加上"今天"作为限定。

## 40

## 用"很好"代替"可以"

"今天晚上吃咖喱吧。""可以。"这是日常生活中经常出现的对话吧。但"可以"这种说法容易给人一种妥协的印象。

懂得关心他人的人，会说"啊，咖喱不错""很好啊"。

## 41

## 应该告诉对方"你拉链开了"吗？

如果看到穿连衣裙或半身裙的人拉链没拉好，不要直接说"你拉链开了"，而要用"我看你的拉链好像有些掉下来了""可能是我看错了……"这样不确定的说法，可以减轻对方的心理压力，也不会让对方感到难为情。

如果对方是认识的人，还可以说"其实我以前也……"，将自己的失败经历分享给对方，就更不会让对方觉得有负担。

## 42
### 多关心插不上话的人

  大家聚在一起开心地聊天时，如果有人一直插不上话，仿佛被排斥在外，不妨自然地主动询问"××，你是不是有过同样的经历啊"。此外，就算不特意搭话，在说话的时候用视线注视对方，也能营造大家一起快乐交流的氛围。不过在此之前，首先来培养自己能够觉察到这一点的洞察力吧！

## 43
### 有教养的人怎么分享快乐？

  当遇到开心的事情时，你会不会想要和别人分享呢？但要是在说话的时候不自然地说出来，可能会让人认为你是在故意炫耀，给人留下不好的印象。

  我建议你在分享快乐之前，先做好铺垫。比如问对方：

"我有一件非常开心的事情，你要听我说吗？"这样直截了当地告诉对方，不但能够将自己的喜悦之情传达出去，还可以让对方欣然接受你的快乐分享。

　　"我想第一个告诉你""我没有和其他人说"，将这种信赖感和与众不同的亲密感传达给对方吧！

## 道　歉

**44**

### 迟到的时候要如何解释？

如果是在商务场合，迟到的时候不要说任何理由和借口，直接道歉之后就进入业务流程，这样才会给对方留下好印象。那么，与朋友出去玩或者约会的时候，迟到的话应该怎么办呢？

首先也是道歉，"对不起，让您久等了"。但接下来不要立即解释，"有教养的人"在给自己开脱之前要先关心对方。

比如，"一直站在这里等，很累吧""你冷不冷"，关心对方之后再解释自己迟到的原因。

不过，"我忘了时间""路上遇到个朋友耽搁了一会儿"

之类的理由会让人感觉你不重视对方，所以在解释的时候也要注意措辞。

## 45

### 弄错了敬语和自谦语的时候怎么办？

在和地位比自己高的人说话时，你有没有过将敬语和自谦语弄错的时候呢？比如，"我的这本书，您也拜读过了吗""您的大作我过目了"，事后想起来一定会感到非常丢人吧！这种事情拖的时间越久就越难以启齿，所以，一旦自己想起来，就应该立刻向对方道歉，"之前我实在是太失礼了"。

## 46

### 说错话时的补救方法

每个人都有过虽然完全没有恶意，却说错话了的时候吧。比如，在得知对方的年龄时，不小心说出"哎呀，我以为您比我大呢"，遇到这种情况应该如何补救呢？

在这种时候，要立即用称赞的话来转移话题，比如"因为您看起来很成熟稳重""您说话的方式非常沉稳""您总是很可靠"。

除此之外还有许多类似的情况，比如问"今天您丈夫休息吗"，对方回答"我还没结婚"。自嘲地说"我最近变胖了"，但对方比你还胖。

总之，关于年龄、容貌、经济状况、家庭状况之类的话题都尽量不要提起，这样就能避免无意间说错话的情况。

# 拒 绝

## 47

### 如何拒绝婆婆的请求?

婆婆或公公的请求,从立场上来说非常难以拒绝。但如果是实在无法答应的请求,使用正确的拒绝方法很重要。

在这种时候如果说"很抱歉,那天我有点……"这种含糊其辞的话,会给人留下不好的印象。如果说"因为很忙",会让人感觉你"因为有更重要的事"而拒绝自己,也会让人感觉不好。

正确的做法是首先为不能答应对方的请求表示歉意,然后将大致的理由告知对方,最后再补充希望以后能有机会帮忙。这样就能避免对方的误解,保持良好的人际关系。

## 48

### 和父母之间的交往也要遵守礼仪

　　如果父母住得比较近，在需要有人帮忙照看孩子的时候就非常方便。

　　但我也经常听到长辈们说："虽然孙辈很可爱，但照顾孩子责任重大，也是一种负担呢。"

　　现在父母这一辈的人也都充满了活力，平时与朋友一起逛街、吃饭、旅游等活动都安排得很满。如果拜托父母帮忙照看孩子，不能认为父母帮忙是理所当然的，不但要在语言上表示感谢，还要准备一些礼物、购物券，或者帮父母做些事情，总之不要忘记用实际行动来表达自己的感激之情。

## 49
## 给自己设定拒绝的底线

因为不好意思拒绝而接受了对方的无理请求，之后又感到后悔，这对双方都没什么好处。拥有明确的底线并且敢于拒绝的人，才是独立自主、有魅力的人。

## 50
## 被人推销商品和服务时怎么办？

"这个锅，不管什么都可以做，非常经济实惠""这个去皱效果非常好，要不要试试"，当认识的人向你推荐昂贵的商品时，用"我们家购买 × 元以上的东西，都要和丈夫商量之后才能做决定"来表明自己没有独掌财政大权是非常有效的方法。

此外，如果有人邀请你做工作伙伴，也可以用同样的方法告诉对方："关于工作的事情，我需要和家里人商量一下再做决定。"

## 51

### 一开始就表明自己的态度

拒绝推销的时候，一开始的态度非常关键。

"这件商品想介绍给您""希望您一定尝试一下"，在对方刚开始推荐的时候就立即表明自己的态度："我今天不能做决定，如果您不在意的话就请介绍吧。"不管对方多么强烈地推荐，只要坚持"就像我一开始说过的那样"的态度就可以了。

## 52

### 如果不能出席，要尽早联络主办人

与老同学们的聚餐、朋友的生日宴会、与妈妈友一起出游，像这样有明确日程的活动如果当天不能出席的话，应该尽早联络主办人。

因为不管是聚餐还是出游，都要提前确定人数才能安排座位和做各种准备，为了不给主办人添麻烦，尽早通知对方是有教养的表现。

## 53
### 有时候也不要急着联络

如果是没有主办人的聚会，在全员都能看到信息的社交软件群聊里发送"很遗憾，我这次不能去了"之类的消息，可能会有人提议"那我们改天再聚"，导致大家都不得不调整日程，还有可能会引发更多的人表示"哎呀，我也有点事，不能去了"。

在这种情况下，找一个不会给大家添麻烦的时机来表示自己不能出席，才是有教养的人的正确做法。

行、坐、站、取物、回眸，

平时不经意间的一举一动，都会体现出你的"教养"。

除了有意识地展现给他人的一面外，

请在生活中的每一刻都保持优雅的举止，让周围的人眼前一亮吧！

即使在独自一人的时候也要保持优雅，

只要牢记这一点，你的气质一定会发生改变。

第三章

举止

# 举 止

## 54
### 优雅的回眸

正如菱川师宣（编者注：被称为"浮世绘的创始人"）的名画《回眸美人图》所展现的那样，女性回眸的动作充满魅力。但在回眸的时候如果只把头转过来，反而会给人一种粗鲁的感觉，完全无法展现美感。

要想有美感，回眸的时候就不能只转头，而是要将整个上半身都倾斜过来。这样不但会显得动作很优雅，还会很有女人味，给人留下美好的印象。

在办公室等场合经常会被人叫到，请下意识地优雅回眸吧！

## 55

### 增加女性动作美感的交叉法则

当我们想要拿起放在桌子上的手机时，一般都是手机在桌子右侧的话就用右手拿，在左侧的话就用左手拿，总之用离手机比较近的手。但下次再有这样的情况，不妨试着用另一侧，用离手机比较远的手来拿。

将手臂交叉在身体之前，能够消除手臂和身体之间的缝隙，展现女性特有的曲线，看起来非常优雅。

摘耳环和将头发顺到耳后的时候，也要用手臂交叉的动作。大家不妨对着镜子尝试一下，一定会被自己展现出来的女性气息惊艳到。

## 56

### 可以做出以手托腮的动作吗？

以手托腮常被认为是不礼貌的动作，但在个别场合以及和对方关系比较亲密时，做这个动作也无伤大雅。不过，在以手托腮时，也要保持动作的优雅。

以手托腮时如果掌心朝上，会给人留下"疲惫""无聊""厌倦""不感兴趣""漫不经心"等负面的印象。反之，如果掌心朝下，下巴轻轻地搭在手指的第二关节处，就会显得既优雅又可爱。

## 57

## "模特站姿"与"自然站姿"的区别

两脚一前一后，脚跟往内收，这种"模特站姿"会显得腿部修长。很多在网络上发照片的女性都会用这样的站姿。但这是以摆造型为重点的站姿，如果在车站等人的时候用这种站姿就会显得非常不自然。

日常生活中常用的自然站姿，是双脚稍微前后错开，双腿并拢不留缝隙。这样的站姿就不会显得"做作"，看起来既有品位又有美感。

## 58
### 鞠躬的时候脚跟并拢

鞠躬的时候，很多人都比较注意角度、速度、后背挺直等上半身的动作，但实际上脚部的动作会极大地影响整体给人的印象。

如果在鞠躬的时候脚跟没有并拢，就会给人一种散漫、邋遢的印象。像这种日常生活中很常见的动作，只要稍加留意就能使自己的举止变得更加优雅。

## 59
### 站立时手应该放在哪里？

站立的时候，双手应该放在身体的什么位置呢？很多人都习惯将双手交叉放在腰部的位置，看起来就像捂着肚子一样。似乎很多人都认为这是正确的站立姿势，会显得很有礼貌。但实际上这种捂着肚子的姿势看起来并不自然。

正确的做法应该是将双手交叉放在身前，两臂自然下垂，不要特意抬高到腰部。

## 60
### 走路时不能脚尖先着地

走路的时候脚跟先着地是基本常识，但仍然有很多人习惯脚尖先着地。因为很多人存在驼背的问题，而且现代人用电脑和手机的时间很长，很容易导致身体前倾，走路的时候就会脚尖先着地。这种走路方式不仅不美观，而且容易摔倒。在没穿高跟鞋的时候请观察一下自己走路时脚的什么部位先着地吧！

## 61
### 自然且优雅的走路方式

走路时双脚踩出一条直线的方式叫作"模特步"。很多人都模仿这种走路方式，认为很优美。但并不是所有女性都适合用这种方式走路。

比如，O 型腿的人如果用这种方式走路，反而会使自己的缺点暴露得更加明显，走路的动作看起来也非常不自然。

对所有人来说都自然且优雅的走路方式，是想象从双脚的脚尖向前延伸出两条平行线，然后两只脚分别在两条线上行走。

## 62

### 走路时手向后摆

每个人走路时摆动手臂的方式可以说是各种各样。有的人手臂大幅度挥向前方，有的人向左右两边摆动，有的人朝斜前方摆动，还有的人走路时几乎不摆臂。我甚至还见过双手朝着同样的方向摆臂的人。

我认为，手臂不过度朝前摆动，同时下意识地朝后方摆动的走路方式最为优雅和美观。

## 63

### 步幅大一些更显优雅

可能有的人认为，步幅小更有女人味，但实际上能够让心情也随之开阔起来的大步向前更显优雅。

请下意识地将步幅扩大到平时的 1.2 倍左右吧。这样不但能够使你走路的时候更加美丽，还可以提高前进的速度。

此外，还需要注意走路时的姿势。从侧面看的话，耳朵、肩膀、脚踝应该在一条直线上。保持上半身挺直，走路时脚跟先着地。

当然，穿旗袍等紧身衣服的时候另当别论。穿旗袍时步幅应该比平时更小。能够根据身穿的服装选择合适的走路方式的女性是很有魅力的。

## 64

### 用包来改变形象

#### • 手提包、单肩包

将手提包或单肩包的背带挂在肩膀上，一只手在靠近肩膀的位置握住背带，这种动作看起来非常不自然。

将手放下来，轻轻地搭在背带的下部，就显得非常自然且美观。这个动作的关键就在于手不能握住背带，而要轻轻地搭在上面，这样能够突出指尖的美感。手肘部分不要向外，而是要轻轻地收在肋部。

让包的前侧稍微朝下方倾斜，看起来效果更好。

#### • 布制手提袋

将手提袋挂在手臂上的时候，如果将手臂从包的内侧伸到外侧，看起来就好像在拎购物袋一样，而且很多上了年纪的女性就喜欢这样拎包。

虽然这种拎包的方式也不算错，但为了使自己的动作显得更加优雅和干练，不妨采用完全相反的方式，将手臂从包的外侧伸到内侧。

只是改变拎包的方法，就能让整个人的状态看起来和之前截然不同。

## 65

### 如何一边走路一边优雅地点头致意

在路上遇到熟人时需要打招呼，在公司的走廊与上司或同事擦肩而过时也应该点头致意。

但一边走路一边点头致意这个动作其实非常难做好。在我的礼仪学校里，仅用一节课就能掌握这个动作的学员非常少，绝大多数人都需要两到三节课才"终于掌握了秘诀"。

很多人在一边走路一边点头致意时只是歪过脑袋点头致意，但这样的动作不够美观，还会给人留下散漫的印象。正确的做法是整个上半身都要前倾，同时点头致意。坚持正确的举止才能成为看起来有教养的人。

## 66

### 应该鞠躬几次?

"初次见面，我是 ××，请大家多多关照。"像这样做自我介绍的时候应该鞠躬几次呢?

"初次见面"鞠躬一次（甚至有的人在开口之前先鞠躬一次），"我是 ××"又鞠躬一次，"请大家多多关照"再鞠躬一次，然后沉默着追加一次……

像这样不停地鞠躬，虽然显得自己很谦虚，但也会给人留下"缺乏自信""没有魅力""靠不住"等负面的印象。

如果想营造"干练""可靠"的形象，只鞠躬一次就足够了，把这一次鞠躬做好吧!

## 67

## 淑女不会分开膝盖

不仅在礼仪学校，每次我出去演讲和做节目的时候都会强调的一点就是"淑女不会分开膝盖"。很多女性都会微微地分开膝盖，甚至还有将双腿大大地张开的女性。这是一种不好的习惯。

所以，请养成"稍微分开膝盖都会感到不安"的习惯吧！

## 68

## 膝盖虽然没有分开……

还有的人虽然膝盖没有分开，两条小腿却一左一右分开。这是从小学高年级到中学的学生中十分常见的坐姿。

如果成年人还用这种坐姿，会给人留下非常幼稚的印象，更谈不上成熟和优雅了。

## 69

可以靠在椅背上吗?

很多人认为"坐在椅子上的时候身体靠在椅背上是不礼貌的行为",于是只坐在椅子的前半部分。当然,在用餐以及与长辈、上司或重要客户见面的时候,确实不能将身体靠在椅背上。

但如果坐在椅子的前半部分几十分钟的话也让人很难坚持。尤其是到后面会不由自主地开始驼背,无法保持上身笔直的坐姿。

因此,我建议大家在坐下的时候坐在整个椅子上,腰部刚好贴到椅背,但后背保持挺直,不靠在椅背上。这样就能够在保持端正坐姿的同时,也不会感到疲惫。

## 70

## 坐沙发时的注意事项

坐在沙发等位置比较低矮的地方时，必须注意裙摆的长度。在这种时候应该怎么做才好呢？在商务场合将资料放在膝盖上，在酒店大堂将包放在膝盖上可以吗？还是应该用手帕呢……

如果是在开会，一直将资料放在膝盖上会显得很不正常，在酒店大堂一直将包放在膝盖上会给人一种不稳重的印象。而特意拿出手帕展开铺在膝盖上的动作就更不自然了，所以千万不要这样做。

在这种情况下，可以尽量放低膝盖的高度。比如，双腿并拢倾斜到一旁就可以使膝盖降低到安全的高度，还能展现女性特有的腿部曲线美。

## 71

不能跷二郎腿吗？

跷二郎腿这个动作，在正式场合被认为是不礼貌的。但在咖啡厅、酒吧等非正式场合，将双腿优雅地叠在一起的女性看起来很有魅力。跷二郎腿要想美观，关键在于让小腿朝向相同的方向相叠，两腿中间不要留有空隙。

不管做什么都要注意"不留空隙"，这可以说是女性举止的基本要求。

## 72

坐在地上的时候也要保持优雅

在参加家庭聚会、外出露营等需要直接坐在地毯或地板上的场合，很多女性都会将小腿横向并拢。在不需要正座的场合，确实这种做法最为合适。

但在这个时候要特别注意膝盖的位置。为了展现女性的优美曲线，一定不能将膝盖分开。请尽量将膝盖贴在一起，然后让双腿自然地横向伸出。越是休闲和非正式的场合，越能体现一个人的教养。

## 73

### 让鞋底全部踩在台阶上

在上楼梯的时候，你是否只用前脚掌踩在台阶上，将鞋跟的部位悬空呢？鞋跟越高，将鞋底全部踩在台阶上就越累，但这样的动作比只踩上前脚掌要美观得多。是想要轻松还是想要美观，请根据当时的情况做出正确的选择吧！

## 74

### 优雅地下楼梯

请想象一下好莱坞女明星和贵族女性从螺旋楼梯上优

雅地走下来时的动作，你注意过她们的脚步吗？

在上下楼梯时，尤其是下楼梯时，必须注意左右脚之间的空隙。当然，上下楼梯最重要的是安全，但在保证安全的前提下，脚与脚之间不能留有太大的空隙。尽量让双脚靠近一些，用优雅的脚步下楼梯吧！

## 75
### 可以用扶手吗？

有学员问我："上下楼梯时可以用楼梯的扶手吗？"在下楼梯时，尤其是穿着高跟鞋下楼梯时，因为难以把握平衡，所以一定要扶好扶手。

但需要注意的是，将身体的重量都压在扶手上，好像整个人都靠在扶手上面是不合适的，因为这会让他人以为你很疲惫。可以将手肘微微弯曲，将手自然地搭在扶手上。当然，注意不要弓腰驼背，一定要保持上身挺直。

## 76

優雅的拾取動作

拾取掉在地上的东西时，你是弯下腰去拾取吗？但这个动作看起来很显老，如果还双腿朝两边张开就更是如此。

在这种时候，请将双腿前后错开，保持上身挺直地蹲下。像这种日常生活中看似随意的动作也能显得很优雅。

## 77

和别人说话时移开视线会显得很失礼吗？

我们从小就被教育"听别人说话时要看着对方的眼睛""说话时看着对方的脸"。但实际上，如果在长时间的对话中一直看着对方的眼睛，会给对方很强的压迫感，导致气氛也变得紧张起来。

怎样才能表示自己正在仔细听对方说话，又不让对方觉得有压迫感呢？答案是不要一直盯着对方的眼睛，将视线适时地转移到对方的眉毛和嘴角。

此外，将看向对方的频率和时间与对方保持一致，能够让对方感觉更加轻松。讲话的语速与音调也一样，最好和对方保持一致。

## 78

可以让别人知道自己心情不好吗？

成年人在心情不好或意志消沉的时候，为了不让周围的人发现，不会在表情和态度上将这种情绪表露出来。但人生在世，怎么可能一直都保持好心情呢？虽然不能将消极情绪发泄在周围的人身上，但实在无法保持平常心的时候，可以直接告诉对方"非常抱歉，我今天心情有点不好，不太想说话""我有点消沉，所以想一个人静静，请不要在意我"。

将自己的状态事先告知对方，可以让对方不会因为你的异常而产生误会，这对双方来说都是好事。

## 79

### 了解怎样才能让自己"更上镜"

"你们觉得自己上镜吗?"每当我在课堂上问这个问题,大约九成的学生都会回答:"不,我一点也不上镜。"当我继续问:"你们认为自己的侧脸是左边好看还是右边好看?"超过半数的学生一时都无法回答。

我在课堂上经常向学生们强调"上镜"的重要性。人的脸并非完全对称,眉毛的形状、眼睛的大小、双眼皮的厚度、脸型、嘴角上扬的幅度、痣的位置等都会影响他人对你的印象。像这样对脸部的每个部分进行检查,就会发现平时没有注意到的细节。请对着镜子找一找自己最上镜的表情和角度吧,以后拍照片的时候一定能够派上用场。

## *80*

通过调整脸的角度来改变风格

　　有时候我们自己觉得"上镜"的表情和角度，可能与专业人士眼中"看起来更好看的角度"有所差异，而且每个人的喜好也各不相同。

　　"要显得年轻""要显得干练""喜欢优雅沉稳的风格"，根据自己想要表现的风格，或者拍照片时的目的，选择合适的角度与表情，能够使拍摄出来的效果得到很大的改善。能够将想要的风格完美地呈现出来，你就是表情管理大师了。

## *81*

叹气会严重影响周围人的心情

　　烦恼的时候，不开心的时候，急躁的时候，我们可能会不由自主地叹气。虽然也有因为放下心来而长舒一口气的时候，但绝大多数的叹气是由负面的情绪引起的，所以会使周围的气氛也跟着变得沉重起来。周围的人可能会想"他心情不怎么好，是不是我导致的"，并因此感到烦恼，所以叹气的时候请不要让别人发现，在心里悄悄地叹气吧！

## 82

**有教养的人都珍惜时间**

节约固然重要，但如果为了省钱而去很远的超市买东西，或者排队等待购买折扣商品，反而会使自己失去比金钱更宝贵的东西。在绝大多数情况下，这个东西就是"时间"。比如，在必要的时候即使多花一些钱也选择打车出行，偶尔选择家政服务来代替自己收拾房间，这样自己就会有闲暇时间来休息身体、放松心情。时间的充裕会让我们的身心变得从容，这样才能保持优雅。

## 83

## 重视对方的姓名

　　姓名是父母送给我们的第一个礼物，所以非常珍贵。尤其是祖祖辈辈流传下来的姓氏，更是身份的象征之一。"不要叫错对方的名字""写信的时候不要写错对方的名字"，重视对方的姓名，就是重视对方本人。

与同桌的人共度愉快的时光，享受美味的食物。

这是在餐桌上最重要的事，也是对制作料理的人的尊重。

餐桌礼仪就是为此而生。

不管对人还是对食物都表现出敬意，才是真正"有教养的人"。

在餐桌上表现出你真正的教养吧！

第四章

餐桌礼仪

## 在餐厅

### 84

被问到"有没有忌口"的时候应该如何回答?

在餐厅点餐或别人请客的时候,如果被问到"有没有忌口",对个别食物过敏的人一定要如实将情况告知对方。因为在聚餐中如果自己因为过敏而出现身体不适,会给同行的人和餐厅造成困扰。现在许多人都有过敏的情况,店家对此也十分注意,所以将自己的过敏信息告知店方是正确的做法。

如果有自己特别不喜欢吃的东西,也可以告诉对方。比如,我在吃法餐的时候就会先告知店员:"我不太喜欢吃内脏,但如果是做汤的时候放一些或者不是很大块的鹅肝酱也没问题。"吃日餐的时候我也会先告知店员:"我不喜欢吃鱼白和银鱼。"聚餐的目的本就是享受美食和愉快地聊天。为了和大家没有顾虑地交流，如实告知对方自己不能吃和不喜欢吃的东西很重要。

## 85

### 选择红酒的方法

在高档的餐厅中应该如何选择佐餐的红酒呢？合适的红酒价格不能太过高于所点餐品的价格，也不能低于餐品价格的一半。比如，点了三万日元的套餐，却点了五千日元一瓶的红酒，这样就不太合适。

但这个标准并不是非常严格，根据自己的预算来选择喜好的食物和酒水也很重要。请根据礼仪和常识尽量平衡地做出选择吧！

## 86

### 可以说"请给我一杯水"吗？

在气氛比较热烈的宴席上，当被问到"要喝点什么"的时候，人们通常都会点餐前酒、红酒或者无酒精饮料。

在有一定档次的餐厅中，点与餐品的价格相称的酒水也是一种礼仪，即使不饮酒也应该点一些饮料。当然，点苏打水和矿泉水也可以。

不过，并不是所有的餐厅都必须点饮料。在休闲餐厅里就可以和店员说："请给我一杯水。"在日料店如果不想喝酒或软饮料，可以说："请给我一杯热茶。"

但需要注意的是，像烤鸡肉串店和居酒屋这样的地方，因为主要以销售酒水为主，所以只点下酒菜不点饮料是很不礼貌的。

中餐厅的茶水有免费和收费两种，请根据店铺选择合适的饮品吧。

## 87

### 可以在餐厅询问食物的吃法吗？

在料理的世界中，不仅食材和口味，就连摆盘和容器也在不断地进化。因此，我们在餐厅的时候有时会出现"这个应该怎么吃"的困惑。放在小碗里的酱汁，是应该用食物蘸着吃，还是应该浇在食物的上面？放在杯子里的汤是可以直接喝，还是要用勺子喝？

在不知道吃法的时候，不要担心询问吃法会很丢人，直接向店方询问即可。有疑问时能够坦率询问的人更让人感觉有教养，而且与怀着顾虑用餐相比，轻松愉快地享用美食更加重要。

不过，这也需要你了解一些基本的餐桌礼仪。

只要掌握基本的餐桌礼仪，你就会知道什么样的问题即使问了也不会丢人。

## 88

### 成为能够被安排在"华席"的人吧

您听说过"华席"这个词吗？这是餐饮界的术语，指的是当天最耀眼的顾客才会被安排坐的中心位置，这也是能被其他所有顾客看到的位置。如果被安排坐在这样的位置，说明你不管是着装还是举止都称得上是这家餐厅最耀眼的顾客。

坐在一个备受瞩目的位置可能会让人感觉有些紧张，但能够在"华席"展现优雅举止的人一定很了不起吧！

## 89

### 如果不喜欢侍者引领的位置怎么办？

有时候侍者引领你坐的位置距离入口或过道很近，或者明明店里有很多空位却被安排在另一桌顾客的旁边。在这种时候，如果对侍者引领的位置不满意，可以将自己的喜好和要求准确地传达给对方，懂得适当地提出请求和进行交涉也是有教养的表现。

愉快地度过用餐的时间，不仅对顾客来说很重要，对店方来说也同样如此。如果是预约的话，可以名正言顺地询问："我坐在那边可以吗？"

如果对方允许的话就表示感谢，如果不允许的话可以灵活地说："那我下次再来。"

## 90

### 请求和强求的区别

在餐厅里请求更换座位，请餐厅安排庆祝演出，在餐厅照顾老人，在酒店或旅馆请求更换房间或借一些用品……我们在接受服务的时候可能会提一些请求。只要是合理的请求，完全可以提出来，不需要有任何顾虑。但如果是超出合理范围的请求，就会变成强求。虽说顾客就是上帝，但身为顾客也应该遵守顾客的礼仪，做一个有礼貌的人。

## 91

### 吃饭的时候不要让别人看到头顶

有一次我和别人一起吃饭的时候，见到一位用刀叉的姿势非常优雅的男性，但当他用叉子将食物叉起来的时候，他忽然低下头将食物吃进嘴里。我就坐在他的正对面，每次他吃东西的时候我都会看到他的头顶。

在吃饭的时候，一定不能把头低到让脸与餐盘平行的程度。应该保持脖子与后背呈一条直线。在这种状态下让身体前倾，将嘴部凑近餐盘。这样不管从哪个角度来看姿势都非常优美。

## 92

### 身体与餐桌之间保持两拳的距离

将食物送到口中的时候不能直接用手在下面接着，而是要用碟子或餐盘接在下面。

习惯直接用手接的人，大多是因为嘴部与餐盘的距离太远，害怕食物掉落才用手接一下。而之所以嘴部与餐盘的距离太远，是因为身体坐得离餐桌太远。

因此，身体与餐桌之间"保持两拳的距离"比较合适。

## 93

### 将面包被撕开的那一面对着自己

在餐桌上吃面包的时候，要从整块面包上撕下能一口吃下的大小之后再食用。虽然一般都是在面包盘上撕面包，但如果面包盘距离自己很远，将面包拿到自己面前的餐盘中再撕开也可以。

吃过的面包，一定要将撕开的那一面对着自己。即使没有直接用嘴咬过，也尽量不要让同桌的人看到面包被撕开的部分。不只面包，其他吃了一半的食物也最好将被吃过的部分对着自己。

## 94

### 将黄油放到自己的面包盘里

如果餐桌上只有一大份黄油，绝对不能用黄油刀在盘子里取黄油然后直接抹在面包上，这是非常没有礼貌的行为。

正确的做法是取适量的黄油放入自己的面包盘里，然后再将黄油涂抹在已经被分割到能一口吃下的面包上。

## 95

### 不要收集面包屑

吃比较硬的面包时难免会出现面包屑，但如果自己把面包屑收集起来放回盘子里，看起来反而不雅观。当然，也不能把面包屑扫到桌子下面。实际上，当你吃完主食之后，侍者会来帮你把面包屑都收拾干净，所以我们不用去管掉落的面包屑。

## 96

### 吃沙拉和蔬菜时的方法

用叉子吃生菜等叶类蔬菜非常困难。我在进行餐桌礼仪讲座时每次都能看到因为叉不起生菜而苦恼的学员。

这种时候，用刀叉配合将菜叶卷几圈使其变厚，然后再用叉子就很容易叉起来了。

## 97

### "吃"汤

如果汤没有放在杯子里而是放在汤盘里，用勺子食用的话就不是喝汤，而是"吃（eat）"汤。

因此，"吃汤"的时候将勺子横在嘴边吸吮是错误的方法，而将勺子竖着整个放入嘴里的吃法也不美观。正确的方法是将汤勺微微倾斜，将三分之一左右的汤勺放入嘴里品尝汤。

## 98

### 不要用勺子吃意大利面

在意大利餐厅吃长条意大利面的时候，成年人不能用勺子。我学校的意大利学员也说："只有小孩才用勺子，成年人的自尊心不允许自己用勺子。"

虽然用勺子辅助确实更容易将意大利面卷起来，但了解食物发源地的常识与文化也是非常重要的礼节。

## 99

### 作为配菜的玉米应该怎么吃？

与牛排等正餐搭配的带芯玉米，不能直接用手拿起来吃，而是要用刀叉食用。

首先将玉米立起来，用叉子固定芯部，然后用刀从上往下将玉米粒切下来。这样吃完玉米粒后剩下的芯也不会显得很难看。

## 100

### 在餐厅可以剩饭剩菜吗?

除了在别人请客、不想让对方担心或者不想给对方留下不好的印象的情况下，不想吃的饭菜可以不吃，吃过一口之后发现不好吃也可以剩下。

每个人都可能有不喜欢吃的东西，这也是很正常的事。有时候侍者可能会问："这道菜不合您的口味吗？"在这种时候只要回答"很抱歉"就可以。

## 101

### 香槟杯和红酒杯应该拿什么部位?

香槟杯和红酒杯，一般最常见的手持方法是用手掌托住杯肚，但要想姿势更加优雅或者不想让酒温升高的话，也可以握住杯脚。但因为有些高脚杯的杯脚十分细长，所以一定要根据酒杯的实际情况从上、中、下三个部位找出最稳定的地方牢牢拿住。此外，和周围的人采取相同的手持方法也是礼仪之一。

## 102

### 手持水杯的时候不要张开掌心

很多人都比较关心手持红酒杯的方法，对普通水杯的手持方法则似乎不怎么在意，而我在给电影或电视剧做动作指导的时候经常提到这一点。

正确的手持水杯的方法是将全部手指都放在水杯上。食指、中指、无名指贴在一起拿起水杯。如果将手指稍微朝下方倾斜会显得更加好看。

将小拇指翘起来会给人留下缺乏品位的印象，所以有这种习惯的人请务必注意。

## 103

口红印沾在杯口了该怎么办?

"口红印沾在杯口了该怎么办?",这是每次餐桌礼仪讲座上必然会有人提出的问题。只要涂了口红就无法避免在杯口沾上口红印。虽然在欧美很多人并不在意这种事,但爱干净且心思缜密的女性并不喜欢这么张扬。为了尽量减淡杯口留下的口红印,可以在入座之前去洗手间之类的地方用纸巾轻轻地沾一沾嘴唇。此外,如果杯口沾着好几个口红印就显得非常不美观,所以请尽量用同一个部位饮用。

## 104

女士必须包不离身

包是女性着装的重点。因此,不仅在逛街的时候,参加宴会或聚餐等正式场合,宴会包或手提包也必不可少。

但在去餐厅或咖啡厅的洗手间的时候,很多女性都空着手去。虽说如果带的是手提袋那么大的包确实不方便携带，但只拿化妆包或者一条手帕的话也实在不够优雅。"女士包不离身"，请务必记住这句话。

# 105

## 不要将包放在餐桌上

刚刚来到餐厅准备落座，或者用完餐之后起身准备离开的一瞬间，你有没有将包放在餐桌上的时候呢？找钱包准备结账的时候，有没有将包放在餐桌上寻找的情况呢？

餐桌是放餐品的地方。铺着纯白色桌布的餐桌更是如此，不在餐桌上放餐品和饮料之外的其他东西是基本的餐桌礼仪。

手包、化妆包、钱包、电话、笔记本等也一样不能放在餐桌上，作为成熟的女性请务必注意。

## *106*

## 优雅的结账示意动作

　　用完餐准备结账时，年长的男性经常喜欢用双手食指交叉的手势来告知店员结账。但女性用这个动作就显得很不雅观。如果想用手势告知距离较远的店员，可以做出用笔签名的动作。

## 吃便餐

### 107

**如果上餐的时间不一致怎么办?**

在外面和别人一起吃饭的时候,如果一个人的餐品上来了而另一个人的餐品还没上来,就会显得比较尴尬。所以,在商务场合或者其他比较重要的场合,最好事先和店家说一声:"请将餐品一起上。"

如果自己的餐品先上来了,首先要表现出自己不会先吃,而是等对方的餐品上来一起吃的态度,如果对方说"没事,您先吃吧",那就恭敬不如从命。不过,要是同席有很重要的客人或者和地位比较高的人一起吃饭,那么等待对方先吃,自己再开始吃,则是基本礼仪。

反之,如果是自己的餐品没有上来,则可以告诉对方:

"没有关系，请趁热吃吧。"

## 108

一整份的料理，应该完全按照人数分配吗？

　　将一整份的料理按人数分成小份的时候，如果是炸鸡、比萨之类的餐品可以每人一块，但是像沙拉、意大利面、汤品之类的餐品，是应该按人数分完，还是应该稍微留下一些给还想多吃一点的人呢？

　　虽然这个问题也需要根据餐桌上的人之间的关系来具体问题具体分析，但在绝大多数情况下，与刚好分完相比，还是稍微留出一些给还想多吃一点的人更好。

## 109

刀叉架的使用方法

　　在休闲餐厅和西餐厅中，会在餐盘的右侧放一个叫作

"刀叉架"的长条形物体。这是专门用来放刀叉的，吃完前菜之后可以将刀叉放在上面，等主菜上来之后再继续使用这套刀叉。

与用筷子时不同，刀叉不用每吃一口就放在刀叉架上，在一道菜没吃完的时候，刀叉可以呈八字形直接放在餐盘上。

## 110

### 喝软饮料也可以碰杯吗？

现在大家在餐桌上都不怎么劝酒了，所以不喝酒的人用软饮料和大家一起碰杯也没有任何问题。不过，在拍碰杯的照片时，如果认为在许多酒杯中只有自己拿着一杯橙汁太显眼，可以先拿一杯酒一起拍照，然后将这杯酒交给和自己关系比较亲密的人，让他替自己喝掉。

## 111

### 如果被人劝酒怎么办?

我曾经在中国受邀参加聚餐,最让我惊讶的是中国的年轻人们完全可以从一开始就一口酒也不喝。现在日本的餐桌上,还是会有人劝酒,比如"至少喝一杯吧""要不要喝点"。而且你一旦喝了一杯,后面就会被继续劝酒。在这种情况下,最好的办法就是一开始便拒绝说"我酒精过敏""医生不让我喝酒"。

不要被周围的人和气氛所影响,在该拒绝的时候明确地拒绝,这也是非常重要的技能。

但不要忘记向劝酒的人道谢。

## 112

### 分摊费用时要考虑到不喝酒的人

大家一起聚餐时,有喝了很多酒的人,也有一口酒没喝的人。而在喜欢喝酒的人中，有的人会认为"不要在意那些小事""气氛最重要"。

但在喝酒的人和不喝酒的人实际消费金额相差较大时，所有人一起平摊费用或许不太合适。虽说没必要计算到一元那么仔细，但作为聚餐的组织者，可以根据大家各自喝的量来分别结账。同时也要告诉每个人："根据自己吃的量来结账。"

## 113

### 最后剩下一个时怎么办?

有时候一大份的料理吃到最后会有只剩下一个的情况。因为只剩下一个，所以谁也不好意思吃，结果就这么一直剩下来了。

我认为，在这种情况下，拿走倒数第二个的人应该多加留意。当自己拿走倒数第二个，只剩下最后一个的时候，可以问一下："还有一个，有没有人想吃?"以后遇到这样的情况时，请一定别忘了这个方法。

## 114

### 用餐之后的空盘子能够体现教养

用餐之后你的空盘子是干干净净的吗？就算一个人用餐时的举止很优雅，如果用餐后的盘子里一片狼藉，那也称不上是"有教养的人"。

和你同桌的其他人肯定能看到你的餐盘，而且考虑到餐厅服务员的心情，也要尽量保持餐盘的整洁。

汤汁类食物在吃的时候涂抹的面积尽量不要太大。骨头和贝壳等无法吃掉的部分也要尽量在餐盘中整理到一起。

用餐之后空盘子的状态也能体现"餐桌礼仪"。


## 115

### 正确的费用分摊方法

集体聚餐，比如和妈妈友们一起聚餐的时候，最后如果用很多时间来结账并不是明智之举。尤其是要考虑到不喝酒的人时，更要事先算好每个人应该分摊的金额。我推荐以下的方法：

- 会费制，或者事先规定好每个人三千日元、五千日元的金额，在这个金额范围内点餐。
- 酒水各自单点，结账的时候也各自支付，事先将这件事告诉店家。

从一开始就将结账的方法告诉大家，这样结账时就不会花费很长时间了。

# 116

## 聚餐者经济实力有差距时选择店铺的方法

去外面聚餐一次应该花费多少钱呢？这个数额恐怕因人而异。有的人认为：好不容易聚会一次，就去家庭餐厅吗？还有的人认为：一份套餐要三千日元太贵了。如果让参加聚会的人感到有负担的话，下次他们可能就不会参加了。因此，不管是二人聚会还是多人聚餐，为了让大家都能没有负担地尽情享受愉快的时光，选择合适的店铺非常重要。

在大家一起商量选择哪个店铺的时候，可以提出几个不同价格区间的店铺。但如果同样是法式餐厅，有高、中、低三个不同的价位，别人就很难提出希望去便宜的店铺。所以，也要在餐厅种类上加以区分，比如高价的法式餐厅、休闲的意大利餐厅、实惠的民族餐厅等，这样别人也更容易提出"想去吃民族料理"的意见。

在这种时候，能够让每个人都毫无负担地参与进来，也是有教养的表现。

## 得体的食用方法

### *117*

吃咖喱饭时

咖喱饭吃完之后，如果盘子上还剩下很多咖喱汁的痕迹，会让人很在意吧。我来告诉大家一个能够将咖喱汁的痕迹控制在最小范围的方法。

一般情况下，我们吃咖喱饭的时候都是一边将咖喱汁拌在米饭上一边吃，但我推荐的方法是从咖喱与米饭的交界处开始吃。

当中间的部分吃完后，将米饭推向咖喱汁的部分，然后继续从咖喱与米饭的交界处开始吃。这样每次推过来的米饭都会将咖喱汁擦干净，所以吃完咖喱饭之后的盘子也是干干净净的。虽然吃咖喱饭大多不是在正式场合，但这种时候表现出优雅的举止也很不错。

## 118
### 双手拿着吃不一定代表优雅

饭团、三明治、甜甜圈等需要用手拿着吃的食物，很多人认为应该双手拿着吃。而且很多人认为这是一种礼仪规范，用双手拿着吃代表有礼貌。但有一些越吃越小，或者本来就尺寸很小的食物，如果用双手拿着吃反而显得很不美观。

能够单手拿起来的食物就单手吃，特意用双手拿着食物吃会让人感觉你像小孩子一样。

## 119
### 不要在三明治上留下牙印

在吃二明治、汉堡包、铜锣烧等食物的时候，难免会在上面留下牙印。但作为举止优雅的淑女，还是要尽量避免这一点。我推荐的方法是一次不要吃一大口，而是吃两小口，这样就会留下一个不规则的形状，而不是明显的牙印。

# 120

## 三明治要竖着吃

还有一个不会留下牙印的吃法。

那就是"竖着吃"。

一般情况下，我们都会横着拿起三明治来吃，但这个吃法是将三明治旋转 90 度竖起来吃。在下午茶或派对上提供的迷你三明治就可以用这个方法吃，不但不会留下牙印，还可以防止三明治里面的馅料被挤出来，可以吃得非常优雅。

不仅三明治可以竖起来吃，汉堡包等带馅料的食物吃到后面尺寸变小时也可以竖起来吃。

## *121*

## 双手拿汉堡包的方法

　　像汉堡包和俱乐部三明治这种馅料很多的食物，为了在吃的时候不把里面的馅料挤出来，需要注意手持的方法。我在学生时代就总结出了一个非常好用的方法，并且将这个方法命名为"诹内手持法"。

　　很多人拿食物时采用的都是将大拇指放在一侧，将另外四根手指放在另一侧的手持方法。

　　而我发明的这个方法，只需要将小拇指和无名指转到大拇指的一侧即可。女性因为手比较小，最好用双手拿起食物。

　　这样一来，就能将食物紧紧地夹住，防止馅料溢出，请大家一定要尝试一下。

## 122

### 不想被看到张大嘴巴的样子

不想在约会的时候被对方看到自己张大嘴巴的样子？如果有这种顾虑的话，可以用汉堡包的包装纸或者餐巾纸把嘴巴挡住。不管是包装纸还是餐巾纸，都可以垫在食物的下面，露出上半部分，这样在吃的时候就会自然而然地将你的嘴部挡住，可以放心大胆地吃啦！

## 123

### 包子和馒头应该怎么吃？

包子和馒头都可以直接用手拿着吃。

和吃面包一样，每次用手撕下一点放进嘴里的吃法比较优雅，但吃包子和馒头没有必须一次撕下一口的分量这样的礼仪要求，就算一次撕下来的分量比较多也没关系。

吃包子的时候竖着吃，里面的馅料不容易被挤出来，而且不会留下牙印。

## 124

### 吃小笼包不洒汤的方法

　　小笼包最美味的部分就是其中热气腾腾的汤汁，所以一口将小笼包连里面的汤整个吃进去是最正确的吃法。但有的人会说，"一口吃不下去""吃的时候里面的汤汁会洒出来"，这也确实是很大的问题。

　　小笼包的皮很薄，如果用筷子夹边上的话很容易把皮扯破，所以应该轻轻地夹起小笼包的顶部褶皱将其放在汤匙里。这样一来，就算小笼包的汤汁漏出来也会被汤匙接住。不能一口将小笼包吃下的人，可以用汤匙将小笼包送到嘴边，先吃一半。

　　如果小笼包非常热的话，还可以先将皮扯开一点，让里面的热气散出来之后再吃。

## 125

## 比萨的"三点手持法"

在地道的意大利餐厅里要用刀叉吃比萨，但我个人感觉用手拿着吃好像更加美味。不过，被切成三角形的比萨用手拿起来的时候，最前面的部分容易下垂，吃起来很不方便。

在这种情况下，可以用大拇指和中指分别拿住比萨左右两端的角，然后将无名指伸出去托住比萨的底部。

这就是我推荐的"三点手持法"。

如果比萨很大，用这种方法前端还是会下垂，或者是像那不勒斯比萨那种饼底比较薄的比萨，可以将前端折起来之后再吃。

## 126

### 即使只有自己一个人吃饭也要有仪式感

我曾经听到一位男性说："我在公司看到有一位女同事，虽然只有她自己一个人在吃饭，但她仍然在吃饭之前小声说了一句'我开动了'，感觉她真的很有教养。"这种独自一人时仍然表现出来的教养更能体现出一个人的本质。

所以，那位男性的心情我也十分理解。

## 日式料理

### 127

用筷子袋制作筷架

　　当餐桌上没有筷架的时候，我看到有人会将装筷子的袋子折叠起来当作筷架。但筷子袋作为外包装并不干净卫生，所以不建议直接使用，那么应该怎么办呢？

　　正确的做法是将筷子袋从中间对折，然后只将筷子的前端插在里面。也可以将筷子袋稍微折叠一下在尾端打个结，这样看起来更美观。此外，如果有木质餐盘的话，也可以将筷子的前端搭在餐盘的左侧。

## 128

### 用完餐后放筷子的方法

用完餐后，最好将筷子放进筷子袋里。这是为了将筷子使用过的部分隐藏起来，属于对收拾餐桌的店员的一种关心。

在这种时候，筷子袋不管是保持原样还是折叠起来都可以。如果想告知店员这双筷子是被用过的，将筷子袋折叠起来更好。

## 129

### 筷子上的纸带难以取下时

庆祝宴会或日式餐厅有时会提供用一厘米宽的纸带固定的一次性筷子。当这个纸带难以取下时，有的人会将两根筷子旋转交叉来撕破纸带，但这种动作看起来很不雅观。如果这条纸带缠得很紧或者粘在了筷子上，可以从纸带的黏合处轻轻撕开将其取下。


## 130

### 碗盖的打开方法与放置方法

有些带盖的碗因为内部处于密封状态很难打开……但遇到这种情况完全不必担心，只要将大拇指放在碗盖上，另外四根手指握住碗的另一边，稍微用力往下一压就能让空气进入碗中，然后就可以很轻松地打开碗盖了。将拿下来的碗盖倒立过来，如果碗在右手边就将碗盖放在碗的右边，反之，则放在碗的左边。


## 131

### 食用贝类汤汁的方法

有些汤汁餐品中含有贝类食物。吃完贝类的肉之后，贝壳应该放在哪里呢？有的人会将贝壳放在碗盖上，但这是不礼貌的做法。尤其是在比较高档的餐厅中，硬质的贝壳可能会划伤碗盖的漆面。此外，吃完的贝壳直接摆在明面上会被同席的人看到，很不雅观。将吃过的贝壳放在其他空着的餐具中也同样不行。正确的做法是将贝壳留在汤碗里不要取出来。

## 132
### 喝完汤汁后碗盖要盖回去吗？

碗盖要盖回去，但不能倒扣着盖回去。因为这样可能会划伤碗盖的漆面，而且看起来也很不美观。正确的做法是将碗盖像原来一样盖回去。

## 133
### 料理要保持原样食用

比如，吃烤串的时候，将食物从串上摘下来之后再吃，很多女性都认为这样吃比较优雅，但实际上这样是不礼貌的。

料理被端上桌时的状态应该是最美观也最美味的。考虑到厨师的心情，在吃的时候请尽量保持原样食用。

## 134

### 荞麦面、寿司、天妇罗在端上来之后请尽快食用

天妇罗、寿司等新鲜制作的食物，第一时间食用最为美味。这也是对现场制作的厨师的尊重。如果只顾着聊天或者拍照片而错过了最佳食用时间，不但非常遗憾，也很没有礼貌。

此外，面条类食物也应该尽快食用。荞麦面、乌冬面、意大利面等都是如此。第一时间食用才能品尝到面条类食物最美味的口感。

# 135

## 如何往天妇罗上撒盐?

吃天妇罗时都会搭配一小碟盐,如果将这些盐直接撒在天妇罗上面,会全都沾在一个地方,吃起来味道很不好。正确的方法是用大拇指和食指捏起一点盐,然后撒在天妇罗上,这样可以让盐撒得比较均匀。

# 136

## 烤鱼中搭配的萝卜泥的吃法

像秋刀鱼那种脂肪含量比较丰富的烤鱼都会搭配萝卜泥。萝卜泥不但爽口解油腻,还有杀菌和促进消化的功效。

正确的吃法是首先将适量的酱油浇在萝卜泥上,然后用筷子夹起一块鱼肉搭配萝卜泥一起食用。

## 137

### 柠檬块的榨汁方法

　　有些日式料理中会搭配柠檬块，顾客可以将柠檬汁挤到喜欢的餐品上。在挤的时候需要注意：不能将柠檬汁洒到盘子外面，也不要让柠檬汁飞溅到周围。因为挤柠檬汁时飞溅是不可控的，所以，请尽量用惯用手来榨汁，用另一只手在周围挡住。

## 138

### 柠檬片的使用方法

　　那么，如果搭配的是柠檬片应该怎么榨汁呢？有的人会将两根筷子插在柠檬片上，扭动筷子来榨汁，但这样的动作不够美观。

　　柠檬片有时只是单纯作为装饰，所以不一定要用来榨汁。将柠檬片放在料理上，用叉子或者筷子轻轻地按压，让柠檬汁稍微沾在料理上就可以了。

## 139

### 怎样吐骨头和核?

虽然当着别人的面将吃到嘴里的东西吐出来是非常不礼貌的行为，但有时候也不得不将水果的核或骨头吐出来。有些礼仪指导会建议在这种时候使用筷子、勺子或叉子，但这样反而会使动作更加显眼。

正确的做法是用餐巾纸挡住嘴巴，然后顺势将核或骨头吐出来，接着自然地将餐巾纸放在餐盘里即可。如果在擦拭嘴角的时候顺便做上述动作，不让同席的其他人注意到就更好了。

## 140

### 日料中搭配的红色嫩芽是什么?

大家在吃日料的时候,经常会在烤鱼等餐品中看到搭配的红色嫩芽。这是用醋腌制的生姜的嫩芽,只取了最柔嫩的部分,因此可以食用。

很多人认为应该一边吃烤鱼一边吃这个生姜芽,但实际上生姜有解腻的作用,所以正确的吃法是在吃完烤鱼之后再吃生姜芽。生姜芽不仅可以用来做装饰,而且有丰富的营养,请大家一定要品尝一下。

## 141

### 不要将菜放在饭上一起吃

将菜放在米饭上,然后一起放进嘴里,这是家庭中常用的吃法。但在正式的宴会和餐厅中,请将菜和饭分开吃。尤其是在会席料理的最后,会专门上一份汤汁、米饭和腌菜的套餐，在这种时候很多人都习惯性地将菜放在饭上吃，但正确的吃法也是分开吃。

## 142

### 饭量小的人要提前告知店方

某些旅馆总是会给客人准备非常豪华的套餐。对饭量小的人来说，总是会有"如果吃不完会显得很失礼"的顾虑。而且如果准备的饭菜真的剩下很多，旅馆方面也会感到很难过吧。在这种情况下，最好提前告知店方"我饭量很小，所以请不要给我准备太多饭菜"，这样店方也会根据客人的情况进行调整。为了让双方能够轻松地相处，适当地交流也必不可少。

## 143

### 抹茶茶杯的旋转方法

除了在茶室点的抹茶，有些比较高档的日料店最后也会给客人上一杯抹茶。在茶室的话，需要将茶杯上的花纹转到自己这边之后再将茶杯拿到自己面前，但在日料店就没有特意这样做的必要。

不过需要注意的是，喝的时候不能将嘴直接放在花纹的正上方，而是要让花纹稍微偏一点之后再饮用。

## 寿 司

### 144
### 寿司要一口吃完

一个寿司就是一个完整的成品，所以在吃的时候也要一口吃下去。每家店寿司的大小都差不多，但如果自己真的无法一口吃下一个寿司，可以提前让店家少放一点米饭。

### 145
### 手和筷子，应该用哪个？

吃握寿司的时候，应该用筷了还是直接用手？

女性可能大多是用筷子吃的。针对这个问题，我咨询过好几家寿司名店的大厨，他们的回答是"都可以"，但直接用手拿起来吃，能够更好地感受握寿司的手感，可以充分享受寿司的美味，所以大厨们更推荐直接用手拿着吃。

## 146
### 蘸酱油的方法

在吧台边上现做的寿司大多都会蘸好酱油之后再端上来，因此可以直接食用。那么，如果是搭配了一小碟酱油端上来的寿司应该怎么吃呢？

首先需要注意的是，不要用米饭的部位蘸酱油。酱油中的水分会使捏好的饭团散开，米饭粒掉落在酱油碟中很不美观。

应该用寿司上的配料来蘸酱油，用筷子吃的话可以先将寿司 90 度放倒，然后用筷子横着夹起寿司，这样就可以只用配料的部分蘸酱油了。

绝对不能用的方法是将寿司上的配料单独摘下来去蘸

酱油，这是对制作寿司的厨师极大的不尊重，是非常没有礼貌的行为。

## 147
### 军舰卷蘸酱油的方法

配有海胆和鲑鱼子的军舰卷如果像握寿司那样倾斜的话，上面的配料很容易掉落。这种时候可以先用甜姜片蘸点酱油，然后将酱油汁滴在军舰卷上。或者稍微倾斜一点，用海苔底部的一角来蘸点酱油。

## 148
### 蘸芥末的方法

关于芥末的食用方法，一般分为两派：一派是直接将芥末放在寿司上食用，另一派是将芥末溶在酱油里，然后一起蘸着吃，我推荐的是前者。

因为前者可以更好地品尝芥末的风味，还能根据寿司上的配料适当地调整芥末的分量。而且不将芥末溶在酱油里，还能保持酱油颜色的美观。

## 149
### 可以说寿司术语吗?

在寿司的世界里，有许多独特的术语。好像很多人都喜欢故意说这些术语，显得自己很了解的样子。但实际上这些术语都是店里的人所使用的，以顾客的身份说这些术语反而会给人留下没有品位的印象。

## 150
### 同样的餐品可以反复点很多次吗?

曾经有学员询问:"我很喜欢吃金枪鱼中腹，如果一直让厨师做这个，会不会显得很没有礼貌?"既然是自己非常喜欢吃的东西，不管点多少次都没问题。而且可以直接告诉厨师"非常美味，请再给我做一个"，厨师一定也会很高兴的。

但从店家的角度来说，肯定也希望顾客能品尝到各种各样的美味，所以在点自己喜欢的餐品时也应该考虑到这一点。

## 151

### 在寿司店点餐的礼仪

我曾经采访过一个著名寿司店的大厨，他说有的客人来店里只点生鱼片和酒水，但他们店铺的招牌是寿司，不品尝一下实在太遗憾了。

由此可见，在寿司店吃寿司也是一种有礼貌的表现。

## 152

### 令人在意的牙签问题

如果只是因为"就摆在桌子上"这个理由而当着同桌其他人的面使用牙签，确实有点不礼貌。用手将嘴部挡住的话，反而像是在强调"我正在用牙签"一样。

即使是自己认为理所当然的行为，也需要站在其他人的角度重新思考一下。所以，哪怕牙签"就摆在桌子上"，也应该找机会去洗手间里使用。

## 153

### 淑女要善于利用洗手间

在餐桌上想要擤鼻涕的话，应该尽量去洗手间。虽然不同国家和文化对这种行为的看法不同，但日常中最好不要在餐桌上或者当着别人的面擤鼻涕。

## 甜 点

### 154
### 大福、樱饼、草饼等比较软的甜品应该怎么吃?

像大福这种比较软而且有弹性的甜品,如果不想留下明显的牙印,可以将一口换成连续咬两小口。如果担心咬过的部分上下的皮粘在一起,或者里面的馅料从旁边漏出来,可以按照前面介绍过的方法,将大福竖起来吃。这样不但不会留下牙印,而且更容易将大福咬断。

## 155

### 优雅地享用日式甜点的方法

这里以用"黑文字"吃"莺饼"为例进行介绍。

"莺饼"是用糯米皮包着豆沙馅，外面撒上一层绿豆粉的日式甜点。"黑文字"是用大叶钓樟的树枝制作的木签，是专门用来吃甜点的工具。

首先，用木签将莺饼从中心呈放射状切开，在切开的同时，莺饼上下的外皮就会粘在一起，将馅料包裹在里面。用木签叉起切好的莺饼时要从侧面插入，这样里面的馅料就不容易漏出来。

其次，撒落在盘子里的绿豆粉虽然不用全部吃掉，但在吃的过程中用莺饼将撒落的绿豆粉沾起来，吃完之后的盘子就会更加干净整洁。

# *156*

## 奶油泡芙的两种吃法

泡芙有直接用手拿着吃和用刀叉来吃两种方法，我将分别进行说明。

### • 用手拿着吃的时候

如果是上下分开，中间夹着奶油的这种泡芙，可以将上层的泡芙拿起来，撕成一口能吃下的大小，然后蘸着奶油吃。如果是奶油被注入里面的泡芙，可以从开口处撕下一口能吃下的大小，然后蘸着奶油吃。

### • 用刀叉吃的时候

上下分开的泡芙，用刀叉将上面的部分摘下来，倒放在盘子里面。然后，将其切成一口能吃下的大小，用刀将奶油涂抹在上面之后吃。上面的部分吃完后，继续将下面的部分也切成一口能吃下的大小，然后用刀将奶油涂抹在上面吃。

## 157

### 吃起来最麻烦的拿破仑蛋糕

用刀叉吃拿破仑蛋糕（编者注：也叫"千层酥"，主要包含酥皮、奶油和卡仕达酱）的时候，里面的奶油总是会漏出来。这可以说是吃起来最麻烦的甜点了。

因为从上面无论如何都很难切开，所以干脆将其放倒，从侧面更容易用叉子插进去，也更容易用刀切。而且因为不会从上面挤压，所以中间的奶油也不容易被挤出来。

## 下午茶

### 158

**喝茶时要用手拿着托盘吗?**

在讲到关于下午茶的餐桌礼仪时,一定会有学员提问:"喝茶时用手拿着托盘是正确的礼仪吗?"确实,用手拿着托盘喝茶的姿态看起来非常优雅。

但实际上,在正常高度的餐桌旁喝茶的时候,并没有将托盘拿起来的必要。只有在茶杯距离自己的嘴部很远的时候才有必要将托盘也一起拿起来。比如,你人坐在沙发上,而茶杯却在面前的茶几上,在这种情况下就需要将托盘和茶杯一起拿起来,在吧台旁站着喝茶的时候也一样。

## 159

### 正确地手持托盘和茶杯的方法

将托盘和茶杯一起拿起来的时候，首先要将托盘与茶杯从胸前缓慢放低到腰部，停顿一下之后再拿起茶杯喝茶。

此外，不要将手指穿过茶杯的把手，用食指、中指和大拇指捏住茶杯的把手，另外两根手指在下方作为支撑，这样的动作会显得非常优雅。

## 160

### 正确使用茶匙的方法

用茶匙搅拌咖啡和红茶时，如果想让动作看起来优雅，就不能旋转搅拌，而是要像画一条竖线一样缓缓地前后移动。

这个动作还能更快地将内容物搅拌均匀。很多优雅的举止不仅看起来美观，而且十分合理。

## 161

将用过的和不用的东西都放在另一边

在喝下午茶的时候，茶匙、砂糖、牛奶等用过或不用的东西都要放在茶杯的另一边。

如果放在自己面前的话，在拿起茶杯的时候可能会碰到一起。

## 162

柠檬茶中的柠檬要泡到什么时候？

泡在柠檬茶中的柠檬片，如果一直泡在茶杯里，后面就会变苦。因此，当红茶的颜色发生变化时，就可以用茶匙将柠檬片捞出来，和其他东西一样放在茶杯的另一边。

# 163

## 下午茶的小贴士

### • 不要竖着切司康饼

热乎乎的司康饼是下午茶必不可少的搭配。因为司康饼从侧面很好切，所以首先可以用手或者黄油刀从侧面将司康饼分割成适合一口吃下的大小，然后抹上果酱和凝固奶油食用。

### • 不要用刀切司康饼

司康饼的原型是苏格兰国王在加冕仪式上作为王座的石块。为了表示敬意，英国人从不会将刀和叉插入司康饼。虽然现在很多国家都用刀叉来吃司康饼，但要是记住了这一点，就能避免在某些场合做出失礼的举动。

### • 应该先抹凝固奶油还是先抹果酱

司康饼一般都会搭配凝固奶油和果酱食用。虽然并没有规定应该先抹哪个，但有些对口味比较执着的人认为：

应该先抹果酱。

理由是：还带着热气的司康饼如果直接抹凝固奶油的话，会使奶油化掉。所以，应该先涂抹果酱，然后再涂抹凝固奶油。我也是用这种吃法。

### • 红茶首先要品尝原味

在悠闲的下午茶时间享用美味的红茶时，首先应该什么也不添加，品尝茶叶的原味芳香，然后再根据自己的喜好在红茶中添加适量的牛奶。

起源于英国的下午茶一般不会搭配柠檬，但如果店里有准备的话也可以让店员提供。

## 专栏 可以"从喜欢的开始吃"吗?

对于不知道"在寿司店应该先点什么"的人,以下这段文字或许能给您提供一些参考。

位于夏威夷丽思卡尔顿酒店中的寿司店"寿司匠"被称为"如今夏威夷最难预订的餐厅"。我曾经向这家餐厅的大厨中泽圭二先生询问过这个问题,他的回答是"幼鲦"。

中泽说:"有些寿司店会向专门做鸡蛋饼的店订购做好的鸡蛋饼,但没有任何一家寿司店会从外面订购幼鲦,因为这是一家店铺实力的象征。"

在品尝日式料理的时候,最理想的顺序是先从口味清淡的料理吃起,然后逐渐加重口味。

因此,吃寿司的时候也应该从味道最清淡的幼鲦开始吃。

大家在去吃日式料理的时候,很多店家都会对你说"从你喜欢的开始吃就好""不用在意那些规矩"。

　　但这实际上只是店家的一种礼貌罢了。从店家的角度来说，肯定是希望顾客能够按照正确的顺序品尝最美味的料理，只不过身为服务业的从业人员，并不能将所谓的规矩和礼节强加到顾客身上。

　　而我们作为顾客，充分地享受大厨的技术和食材的美味，不仅是对厨师的尊重，也能够让我们品尝到真正美味的料理，所以何乐而不为呢？

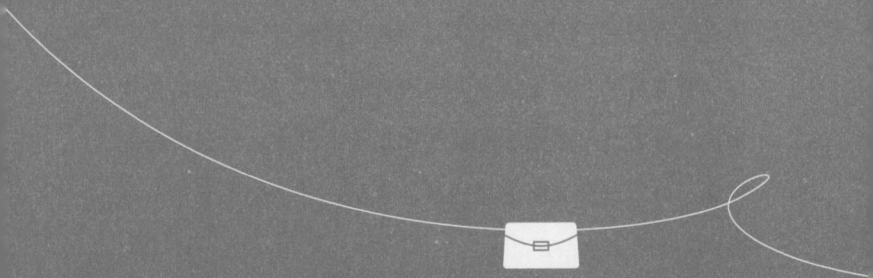

在餐厅、商场、酒店等公共场所接受服务时，实际上也是在进行人

与人之间的交流。

因此，不能忘记向对方表示尊敬和感谢。

如果没有这种意识，正常的要求也可能会变成抱怨。

在接受服务的时候，要保持节制，这有助于让在场的人感到心情

舒畅。

这是成为一个有品位之人的前提。

第五章

# 公共场合的举止

## 关 心

### 164

**不能戴着口罩打招呼吗?**

一直以来，戴着口罩打招呼都被认为是不礼貌的行为。但随着时代环境的变化，关于口罩的常识和礼节也发生了改变。有时候摘下口罩会让对方感到不安，或者不适合当时的情况，在这种时候自己就需要拥有随机应变的能力，做出正确的选择。

## 165

### 希望对方戴上口罩的时候应该怎么办?

与他人交流时,虽然希望对方戴上口罩,却不好意思说出口……在这种时候,可以告诉对方,戴口罩并不是为了你自己,而是为了他着想。

"我担心会传染给您,如果不嫌弃的话请用这个。"像这样一边说着一边将准备好的新口罩递给对方。这样的说法会让对方比较容易接受。

## 166

### 得到帮助应该道谢

在商店和超市中,当店员对你说"感谢惠顾,欢迎下次光临"的时候,你有没有礼貌地做出回应呢?道谢和点头致意可以说是人与人之间理所当然的交流方式。

在卖场中询问的时候也一样。当店员告诉你"咖啡在那

边的货架上""我带您过去吧"的时候，你是否自然地道谢
说"非常感谢"了呢？这也是有教养的一种体现。


# 167

## 拿到托盘上的东西不能再放回去

在面包店里，一旦拿到托盘上的东西就不能再放回原
位了，尤其是没有单独包装的商品更是如此。这也是出于
干净卫生的考虑。

如果自己不小心拿错了，或者选购的过程中感觉不想
要了，不要将商品放回原位，而是应该一起拿到收银台，
然后对店员说："十分抱歉，这个我拿错了，可以不要吗？"


# 168

## 在精品店被接待的时候

"欢迎光临，今天想挑选点什么？"走进精品店的时候，

似乎很多人都有些招架不住店员热情的态度。

但不必担心会被强买强卖，只要自然地告诉对方"我没想好要买什么，只是来看看"或者"我只是随便看看"就好。

如果店员仍然纠缠不休地说"这些是今天刚上的新品""可以试穿一下看看"，而你对此感到困扰，就可以委婉地拒绝说："谢谢，我有需要的话再找你。"

我在进店随便逛逛的时候，都会先告诉店员："我只是进来随便看看，不用管我。"有时候在离开之前还会和对方说："今天时间有限，我下次再来仔细看看，非常感谢。"

## 169

## 搭乘自动扶梯时的距离感

在搭乘自动扶梯的时候，如果后方的人与自己距离太近，就会让人感到有压迫感。除了人特别多的情况，在搭乘自动扶梯时最好与其他人保持一定的距离。

在与人对话等其他类似的情况下，也需要考虑到距离感，避免给别人留下"没有距离感"的印象。

## 170

### 拍集体照的时候不要有顾虑

有的人在拍集体照的时候会故意站在边上，这对自己其实是一种损失。因为拍照时站在边上会使整个人被横向拉长，看起来很不好看。

拍集体照的时候，让地位比较高的人和当场的主角站在中间位置确实是一种礼仪，但自己也可以尽量站在靠近中间的位置。

## 171

### 送别的时候要送到什么地方？

送别的时候也很能体现一个人的教养。

被送别的人走到拐角或者要上交通工具之前，应该回头对送别的人表示感谢，所以送别的人也应该一直送到这样的地方。如果对方想回头致谢的时候却发现身后空无一人，那感觉未免太寂寞了吧？而当回头致谢时看到送别之人的身影，会让人感觉心中非常温暖，也会让人认为你很有教养。

不过，要是送得太远会令双方都感到有压力。所以，被送别的人也应该尽快找个拐角处道别。实在没有拐角的话，也可以主动提出："非常感谢，送到这里就可以了。"在商场或沙龙等场所被送别的时候也一样。

## 172
### 不要只顾着自己的孩子

和几个家庭一起出去玩的时候，如果只给自己的孩子买零食的话，可能会让其他的家长感到不愉快。

在这种时候，主动询问其他孩子"你要吃吗"，或者直接给所有的孩子都买一份才是正确的做法。

正所谓"以小见大"。不考虑周围人的感受的人，很容易使自己的人际关系变得糟糕，希望大家能够多锻炼自己把握大局的能力。

## 酒店与旅馆

### 173

退房时需要整理床铺吗？

被外人看到早晨起来之后没有整理过的床铺是非常失礼的行为。即使在住酒店和旅馆的时候也是如此。虽然在退房时不必将床铺变回原样，但至少也要让床铺看起来不至于太混乱。即使没有时间，将被子重新简单地铺一下也是一种礼仪。

## 174

### 毛巾和睡衣也要整理一下

　　用过的毛巾和浴巾要统一放回浴室之中。当然，不能团成一团胡乱地扔进去。考虑到保洁人员的辛苦，应该简单地折叠后放好。浴衣、睡衣等脱下之后也要简单地叠好放在床上。在酒店或旅馆退房的时候保持房间的干净整洁，是有教养的表现。

## 175

### 在房间中留下感谢卡片

　　如果感觉在酒店或旅馆中住得很舒适，请一定要将这种心情传达给店家。

　　就像在海外的酒店退房时会连同小费一起留下一张卡片，上面写着"Thank you for your hospitality（谢谢你的盛情款待）"一样，在国内的酒店或旅馆退房时，也可以留下一张感谢卡片，将自己的感谢之情写在上面。这样一来，双方都会感到非常温馨和幸福。

## 176

### 成年人住旅馆需要给心意钱吗？

有的人可能认为，住旅馆给店家一些"心意钱"是一种礼节，但实际上并没有这种要求。因为很多旅馆和酒店收取的费用中就已经包含了服务费，所以即使不给心意钱，店家的服务也不会打折扣，请放心。

## 177

### 什么情况下应该给心意钱？

心意钱只是一种心意，而不是必须支付的费用。那么，什么时候可以给心意钱呢？

比如，带着年幼的孩子或老年人一起住店，需要店方提供特殊照顾和帮助时，就可以支付一些心意钱。

此外，得到店方的专门接送，店方为了避免你过敏而为你专门制作料理，以及帮你升级房间等享受到特别服务的时候，为了表示感谢之情也可以给一些心意钱。

## 178

### 心意钱应该什么时候给？

抵达旅馆，被引领到房间，或是服务员送来茶点的时候，将心意钱给对方比较自然。一边说着"我家孩子还小，让您费心照顾了"或者"只是一点心意"，一边将心意钱有礼貌地递给对方。

## 179

### 给心意钱更加合适的时机

一般情况下，心意钱都是在刚抵达的时候先给店家，但在想要表示"真是度过了愉快的时光""非常感谢您无微不至的关照"等感谢和喜悦之情的时候，在离开时将心意钱给店家是更加合适的时机。

## *180*
### 心意钱要包起来

需要注意的是，绝对不要将现金直接掏出来当作心意钱，这是非常不礼貌的做法。为了避免出现这种情况，最好时刻随身携带一些红包，这也是有教养的表现。

## *181*
### 心意钱应该准备多少呢？

因为心意钱真的只是"表示一种心意"，所以没有固定的金额，但有的人可能会为此感到困扰。

我个人的经验是，如果不知道应该给多少心意钱，就用住宿费的十分之一作为标准吧。当然，这并不是硬性的规定，所以比这个金额多些或者少些都没有问题。

## 正式场合

### 182
#### 习惯撩头发的女性需要注意

留长发或半长发的人，在参加正式的宴会或派对时，最好将头发盘起来，这样会显得更加正式。当然，将头发披下来也没关系，但在宴会上频繁地撩头发会显得不够卫生，有这种习惯的人一定要注意。

### 183
#### 出席典礼时用手提包和副包

出席红白喜事、入学典礼、毕业典礼等正式的场合时，不能带挎包，带手提包比较合适。如果随身物品比较多，一个手提包装不下的话，可以再搭配一个手包作为副包。需要注意的是，手提包和副包的款式要与出席的典礼场合相符。

很多人的手提包都是比较通用的藏青色，但这种颜色看起来有点朴素，带去奢华的场合稍显不足。这种场合最好选择带有蕾丝和珍珠串装饰，以及皮质有光泽的包。

为了在出席正式的场合或派对时有更多选择，最好事先做好准备哟！

## 184

### 女式小手包的手持方法

女士小手包兼具时尚与优雅两种风格，是正式场合的必备配饰，但遗憾的是很多女性都不知道正确的手持方法。甚至有不少人用的是单手从下面托住包，将包夹在肋部的方式。

虽然关于小手包的手持方法并没有严格的规定，但这种手持方法多为男性使用，女性最好使用更加优雅的方式。

　　如果是专门为参加派对准备的小手包，可以用手拿住包的上部，指尖自然地贴在包上更能凸显女性的魅力。大家不妨在拍照片的时候试一下。

## 参加派对

### 185
#### 在派对会场首先应该做的事

参加派对的时候，有几点需要注意。首先是抵达会场签完到之后，要找准时机尽快与派对的主办者打声招呼。

如果是庆祝的派对，就要说一些祝福的话语，也别忘了对主办者表示感谢："今天邀请我来参加这么豪华的派对，真是非常感谢。"绝对不要因为"太忙"或者"不好意思"而不去跟主办者打招呼。

## 186

### 参加派对的首要目的不是吃饭

参加派对的目的之一是和其他出席的人进行交流。虽然派对上美味的料理也很诱人，但吃并不是参加派对的首要目的，所以料理只要适量取用就好。将注意力放在与其他人对话和交流上，尽量展现优雅得体的举止。

## 187

### 在派对上应该与谁交流？

在以交流为主的派对上，如果只和认识的人聚在一起聊天的话就太浪费了。为了不辜负主办者的一片心意，请尽量多与身边的陌生人交流。

我的建议是，在参加派对之前准备至少十个话题。可以从与主办者和派对主题相关的话题入手，比如，"我与主办者一起共事过很长时间""真是让人感觉很温馨的派对呢"之类。意外地能够找到许多话题呢!


## 188

### 不要长期占用椅子

在派对的会场中会准备少量的椅子,有些人会将手包、资料甚至手帕放在椅子上占座,然后再去享用美食,但这是很不礼貌的行为。派对会场中的椅子主要是为了让参加派对的客人在感觉疲惫的时候临时休息用的,并不是为了让人一直坐在上面。请将数量有限的座位留给真正有需要的人和老年人吧。


## 189

### 当一个认识的人都没有时

如果自己参加的派对上一个认识的人都没有,确实让人感觉坐立不安。如果周围的人都在兴致勃勃地聊天,更会显得自己非常孤独。自己一个人去拿东西吃感觉有点不好意思，其他人都已经形成了小团体，自己也很难融入其中……

遇到这种情况，请将其当成"社交课程"，然后和自己身边的人或者和与自己的目光有交集的人主动打招呼。"我可以和您聊一聊吗"，只需要说出这一句话，就能迈出结识新朋友的第一步。

## 190
### 没有认识的人时坦白地说出来

在用"我可以和您聊一聊吗"成功地与他人说上话之后，可以坦白地告诉对方："因为这次派对我一个认识的人也没有，感觉有些不安，您能和我聊天真是太好了。"将不安的心情坦率地说出来，应该能够获得对方的好感。对方在得知这件事之后，或许还会将他认识的朋友介绍给你。

## 191

### 派对中途可以离场吗？

参加派对时可能会因为一些迫不得已的情况而不得不提前离场。除了极其特别的情况外，在离场之前都应该将原因告知派对的主办者，这也是一种礼节。同时也应该向对方致谢："中途离场实在非常抱歉，非常感谢您邀请我来度过如此愉快的时光。"

## 192

### 如果要中途离场应该尽早告知主办者

在派对气氛正浓的时候，对主办者说"我要走了"，无异于给热烈的气氛浇上一盆冷水。

如果自己不得不中途离场的话，最好尽早将这件事告诉主办者，让对方有所准备。在道别的时候必须同时传达以下内容：祝福的话语、对受到热情招待的感谢、对中途离场的道歉。

社交时的关键在于平衡亲密与礼仪，

此外还需要能够揣摩对方真正的需求的想象力。

虽然随着经验的不断累积，任何人都能成为社交高手，

但首先可以学习一下本章中介绍的方法。

总之，只要在社交中时刻带着"让对方感觉舒适"的心意就没有

问题。

第六章

人际交往

# 人际交往

## 193

### 根据实际情况改变介绍的顺序

在双方初次见面，不知道应该从谁先开始介绍的时候，正确的做法是"从关键人物开始"。因为在不同的场合有不同的正确答案，所以平时最好多做一些想象练习，这样在关键时刻就不会出问题。

## 194

### 让地位比较高的人坐下座的时候

在餐厅和咖啡厅等场所，一般靠近墙壁和窗户的座位

（从入口处看位于里面的座位）是上座。但在樱花盛开的春天、绿意盎然的夏天、枫叶满山的秋天等季节，能够看到户外美景的座位就变成了上座。

在这种情况下，虽然本来应该让地位比较高的人坐上座，但也可以推荐说"这边的座位能够欣赏到美景"，或者再补充一句"您想坐在哪里"，让对方自己选择。

# *195*

## 当别人请你"随便挑选"时应该怎样选择？

当别人拿出好几种点心和饮料对你说"请随便挑选"的时候，如果每一种的数量很少，就让人不知道是否应该挑选自己真正喜欢的。

我有一个朋友，在这种时候总是能够非常自然地选择自己喜欢的那一种。因为别人在让她挑选时，她会很坦白地说："哇！抹茶看起来很不错！不过，大家先挑自己喜欢的吧。"而其他人肯定会说："既然你喜欢抹茶，那这个就给你吧。"像这样自然地将自己的需求表现出来，一定能得到如你所愿的结果。

## 196

带的特产要分给在场的每一个人吗?

当有许多人在场，而你只想给其中一个人礼物的时候，会感觉有些难为情吧。当然最好的时机是只有你们两人的时候，但如果难以实现的话，可以直接向对方表示感谢："总是受您关照，前几天的事也非常感谢。"然后再说："我刚从京都回来……"顺势将礼物送给对方。

这样一来，你就不是单纯地赠送礼物，而是表达一种感谢之情，周围的人就不会对你有意见了。

## 197

一颗糖也能看出教养

如果你和别人在一起的时候往自己嘴里放了一颗糖，

即使对方完全不想吃，也会感觉："哎呀，这个人连问都不问我一句。"虽然只是一件很小的事情，但一定不要忘记询问对方"你要不要来一颗""要吃吗"。

如果自己随身携带的糖数量不够，或者因为某些原因无法分给大家的时候，需要事先说一声："抱歉，我今早起来就嗓子不太舒服，所以吃块润喉糖。"尽管只是一件小事，却能体现一个人是否有教养。

## 198
## 收到自己不喜欢的礼物时

虽然收到礼物是很让人开心的事，但有时候也会收到自己完全不喜欢的东西。即使不喜欢，也要考虑对方的一片心意以及对方选品和购买所花费的时间与精力，所以还是要心怀感激地收下。

不过，比较让人困扰的是收到首饰、围巾、香水、服装等身上穿的和用的东西。哪怕不符合自己的喜好和审美，也应该使用一到两次让对方看到。如果实在用不上，至少可以告诉对方："你送我的那个披肩，前几天我用了，很漂亮，非常感谢。"

## 199

### 别人炫耀丈夫的职业和孩子的特长时怎么办？

总有一些人喜欢炫耀自己居住的房子、丈夫的职业、孩子的成绩等，显示自己比别人优越的地方。

身为一个有教养的人，我们当然不能做这样的事。而在别人炫耀的时候，如果用"我丈夫也……"来与之进行对抗，则相当于把自己降低到和对方同样的高度。所以，应该不予反驳，只静静地听，然后和这样的人保持距离。

或许有人会说："我不想被排斥在妈妈友群体之外。"但和谁做妈妈友也是由你自己选择的。对不想深入交往的人，可以在表面上和气地打招呼，但在心中与对方划清界限。不需要因为讨厌一个人而拒绝和所有的妈妈友往来。

## 拜 访

### 200
#### 登门拜访要避开用餐时间

去朋友、亲戚、同事、上司的家中拜访时，不在用餐时间登门是最基本的礼仪。那么，具体什么时间比较合适呢？

一般来说，早晨八九点钟以及晚餐后的时间都不太合适。最合适的时间是上午十点到十一点，下午两点到四点，最晚不能超过五点。

此外，就算大家聊得很开心，也不能在对方的家中打扰太长时间，这才是有教养的做法，最好将拜访的时间控制在两小时左右。

## 201

刚好路过，可以突然登门拜访吗？

在以前的时代，许多人都会在出门的时候顺路去别人家拜访。但在手机已经普及的今天，除了特别亲密的关系，"突然"拜访都是很没有礼貌的行为。就像在打电话的时候也要先询问对方"现在方便讲电话吗"一样，现在越来越多的人对"突然来电"和"突然来访"持有抵触的情绪，请注意这一点。

## 202

正确的脱鞋方法

我之前介绍过进别人家之后正确的脱鞋方法：在玄关处正面对着室内将鞋脱掉，然后转过身将鞋摆放好。这个方法引发了极大的反响，但同时也有人提出了新的问题："那么，具体应该怎样将鞋从脚上脱下来呢？"在这里我就教大家正确的脱鞋方法。

首先要保持平衡，然后用一边的脚踝卡住另一边的脚踝，这样就可以不用手将鞋从脚上脱下来。

如果穿的是带有卡扣，必须用手帮助才能脱下来的鞋，脱鞋时需要注意不要过度弯腰，因为这样的动作很不美观。正确的方法是尽量保持上半身挺直，然后放低腰部，伸手向下解开卡扣。

此外，在站立的状态下抬起一只脚脱鞋的动作也不雅观。

## 203

### 当着别人的面脱鞋时

如果去地位比较高的人家里拜访，或者去日料店聚餐的时候，尽量不要穿靴子。因为靴子的穿脱时间都比较长，不但要让别人等待，自己也很难用优雅的动作穿脱，而且心里想着"别人都在等""动作不优雅"，也会使自己感到紧张。

虽然我在礼仪课堂上也会教人优雅地穿脱靴子的方法，但因为这种方法需要用到平时不常用的肌肉，所以很多人都难以做到。为了避免在重要的场合出现问题，最好的办法还是不穿靴子。

## 204

### 长靴的摆放方法

长靴在脱下之后如果不摆放整齐，回头再穿的时候就会发现长靴东倒西歪的。这种情况要是被别人看到，可能会认为你是一个邋遢的人。

因此，将长靴脱下来之后，应该立即将其折叠到同一个方向，这样就不会出现东倒西歪的情况了。

不过，在去别人家登门拜访的时候，最好穿在玄关处方便穿脱的鞋子。尤其是第一次去男朋友老家以及聚餐等重要场合，哪怕只是要解开鞋子上的一个卡扣也会使人感觉非常紧张。为了尽量减少无谓的紧张感并展现出优雅的举止，请选择能够轻松穿脱的鞋子吧。

## 205

### 在别人家里不要光着脚穿拖鞋

首先，光着脚踩在别人家的地面上就是没有礼貌的行为。而光着脚直接穿上主人给准备的拖鞋也很失礼。即使主人没有准备拖鞋，刚脱完鞋就光着脚在地面上走来走去也让人感觉很不舒服。

如果是去关系比较亲密的人家里拜访，可以提前准备一双自己专用的拖鞋，或者随身携带一次性拖鞋过去。

如果是带着孩子一起拜访，在玄关处给孩子换一双干净的袜子，也会让主客双方都感到心情舒畅。

## 206

### 不用将拖鞋放回鞋架上

拜访结束离开的时候，脱下来的拖鞋要怎么办呢？有的人可能认为将拖鞋放回鞋架上是有礼貌的表现，但实际上收拾拖鞋属于"收纳"的行为，是只有主人才能做的事。

作为客人不能越俎代庖，所以只要将脱下来的拖鞋整齐地摆放好就可以了。

## 207
## 不要把带的礼物放在地上

在玄关换鞋的时候，如果鞋子比较难脱，很容易随手将带的礼物和手提包等物品放在地上。如果是自己的手提包，放在地上并没有什么问题，但给对方带的礼物如果直接放在地上是很没有礼貌的行为。尤其当礼物是食物的时候更不能这样做，即使在换鞋的时候也要将送给主人的礼物尽量用手拿着或者挂在胳膊上。

## 208

### 拜访时称赞对方的方法

第一次登门拜访的时候，可以直接称赞对方家里的家具、装修、庭院里的花草等硬件，还可以称赞房间整洁、光线好等软件。只要找到值得称赞的亮点，就能成为愉快展开对话的突破口。

如果实在找不到可以称赞的地方，可以说"很安心""很愉悦"，将自己来拜访的愉快心情传达给对方。

## 209

### 什么时候可以将礼物连同袋子一起交给对方？

在给对方礼物的时候，应该将礼物从袋子里拿出来交给对方，这样显得比较正式。

但也有例外。比如，在商店、走廊、室外，或者附近有其他人的商务场合，可以将礼物连同袋子一起交给对方。总之，首先要了解基本的礼仪，然后再根据当时的具体情况做出合适的选择，这样才是有教养的人。

## 210

### 想按时离开应该怎么说？

在拜访时和主人聊得意兴勃勃，结果时间不知不觉就过去了……这样的情况也很常见吧。为了避免出现这样的情况，可以在拜访之初就和对方说："我今天三点钟还有事，您这边到几点方便？"这样不仅传达了自己的时间安排，而且有为对方着想的意味，会给人留下好印象。

## 211

### 在婆婆家，婆婆说"没事，你坐吧"，应该怎么办？

跟丈夫回老家，如果婆婆对你说："哎呀，没事，你坐着就好。"真的可以坐下吗？如果是远道而归，抵达当天因为旅途劳顿，或许可以在一定程度上休息一下。但即使在这种情况下，也应该重复两次"不用，我来帮您吧"之类的话。如果这样说了，婆婆仍然对你说："没关系，你休息吧。"那就可以回答："既然如此，我就恭敬不如从命了……有什么我能帮上忙的请一定要告诉我。"

但在婆婆家里做客，自己的身份其实并非客人而是家人，所以如果待的时间比较长的话，最好多帮些忙。

## 212

### 放在桌子上的点心可以吃吗？

主人端出一大盘点心招待客人，但所有人都不好意思吃——这种场面大家一定都遇见过吧。

　　在这种时候需要主人来打破僵局。比如，将点心递到客人面前说："这个很好吃，请尝尝吧。"或者直接点名："××，要不要来一个？"这样客人们才好意思吃。

　　如果主人没有主动邀请，可以自己询问附近的人"看起来很好吃！××你想吃哪个？""您先请"，这样一来，自己就可以自然而然地开始吃了。

## 招　待

### 213

**和客人带来的礼物重复了怎么办?**

有时候自己给客人准备的点心与客人带来的礼物是同样的——虽然不一定是在同一家店买的,但种类相同。毕竟时令水果和限定新品就那么几种,很容易重复。

但遇到这种情况完全不必担心。因为有时候我们也会将客人送的点心直接拿来与客人一起享用,所以只要直接将自己准备的点心拿出来就好,反而显得你们"心有灵犀",双方都会感到开心吧。

也可以将自己准备的点心包起来让客人带回去,和对方说:"这些请您带回去和家人品尝吧!"

## 214

### 不希望客人带来的小孩碰家里的东西时应该怎么说？

当客人带来年幼的孩子，虽然很担心小孩会乱碰家里的东西，却不好意思说出口。

在这种时候，如果直接阻止说"不要碰那个"，会显得很生硬。如果换成"可以把那个放回去吗""如果有想要的东西和我说哟"这种委婉的说法，就能避免引起对方的反感。

反之，带小孩子去别人家做客时要怎么做呢？

要告诉孩子"出了家门之后，东西都是别人的，不能随便碰"，让孩子养成在动手之前先获得他人允许的习惯。

## 215

### 对地位比较低的人多加关心

曾经有一位学员说过这样一件事。

"我和丈夫回他的老家时，全家一起吃寿司。虽然我的婆婆对我说'你喜欢吃什么就吃什么，别客气'，但我还是不好意思去吃海胆和金枪鱼中腹那些昂贵的寿司……"

确实，即使对方说"不要客气，尽管吃"，很多人也不好意思吃。

在这种时候，地位比较高的人或者宴请的主人如果能自然地说"××，你喜欢吃海胆吗？""这家店的金枪鱼中腹特别美味，你尝尝"那就再好不过了，当自己作为主人招待客人时也可以这样做。

## 216

### 遇到不喜欢吃的食物时怎么办？

被别人邀请吃饭的时候，如果遇到自己不喜欢吃的东西一定很苦恼吧。根据自己与对方的关系，有时候即使不喜欢也应该全部吃完。但千万不要礼貌性地说"很美味"，搞不好对方会以为你真的很喜欢，或许还会给你再来一份。

如果想将自己不喜欢这个的信息委婉地传达给对方，

可以先吃一点然后说："平时我都不吃这个，但因为是您推荐的所以我品尝了一下。"

## 217

### 将不喜欢的料理送给别人的方法

如果自己不喜欢的料理一口也没动，可以送给别人吃掉，"我不太喜欢吃这个，如果您喜欢的话……"但即使自己没吃，也要对制作料理的厨师以及请客的主人表示感谢和敬意，这才是有教养的表现。

如果你有过敏或十分不喜欢吃的东西，最好事先将情况告知请客的人，这样就不用担心了。

## 218

### 主人已经做好的料理，客人还能自己添加调料吗？

在别人家里被招待吃饭时，和在餐厅里吃饭不同。主人亲手制作的料理，如果自己在吃的时候再往里面添加调味料，会让主人感觉"我明明都调好口味了""是我做的味道不够好吗"，所以，这是非常失礼的行为。

如果实在觉得口味不够，首先应该称赞主人的手艺："这个做得真好。"然后再补充一句："如果再加点这个调味料或许会有不同的口味。"这样就不会引起主人的反感。

## 219

## 将零食的包装袋漂亮地折起来

单独包装的小点心在吃完之后将包装袋漂亮地折叠起来，也是有教养的表现。但这些包装如果只是简单地折叠很容易散开，所以要先折成细长条，然后再将其打个结。我来给大家介绍一个打结的方法。如下一页的图所示，将已经被折成细长条的包装纸来回折三折，最后将两端交叉，就可以漂亮地折起来。

零食包装袋的折叠方法

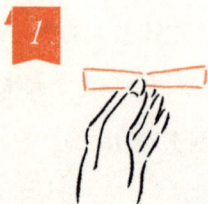

**1**

将包装袋折成细长条；

**2**

左侧留短一点，将右侧向上折；

**3**

旋转 90 度后继续将右侧向上折；

**4**

再次旋转 90 度，将下方向上折；

**5**

将折叠的部分交叉，就能形成漂亮的结。

# 220

## 希望对方早点离开时怎么办？

大家应该也有过希望客人早点离开的想法吧。当然，这种话不能直接说出口。如果想委婉地提醒对方，有两个时机比较好。

第一个是"事先告诉对方自己的时间表"。在双方聊得意兴正浓时，这种事就很难说出口了。所以，要在一开始见面的时候就告诉对方："欢迎光临，快请进。我今天四点之前都没有什么事。"将欢迎对方的心情和时间限制都告诉对方，这样不容易给对方留下坏印象。

另一个是在合适的时间说："哎呀，已经这个时间了吗？我还要去超市买晚饭的材料，要陪我一起走到车站吗？"像这样表达出"还想和你继续聊天"的心情，就不会让对方感觉你在催促对方离开，可以顺利地送客。

## 221

### 注意关门的声音

如果你从别人家里出来，刚走出去没两步就听到"咔嗒"的关门声，心里会怎么想呢？从传统的待客之道来说，这是非常没礼貌的行为。就好像在对客人说"你可算走了"，会让人认为你是一个冷漠的人。

关门的声音在走廊里听起来十分明显。为了不让客人感到不快，最好等客人走远之后再关门，或者轻轻地关门，不要发出声音。

对来送快递的快递员也要注意同样的礼仪。

## 对服务人员的关心

### 222
#### 当有人来家里工作时

维修水管、家政服务等需要别人来家里工作的情况下，如果对方需要逗留超过半小时，最好找个合适的时机说："我给您泡了茶，请休息一下吧。"

此外，在对方工作的时候如果一直待在旁边就好像在监视对方一样，会使人产生压力，因此，可以告诉对方"如果需要我帮忙的话就跟我说"，然后去别的地方。

## 223

### 对快递员的关心

不管是烈日炎炎的盛夏还是白雪皑皑的寒冬，快递员们都会不辞辛苦地将快递送上门来，这样的人真的很值得我们尊敬，我也每次都会将自己的感谢之情传达给对方。

我的好友，断舍离的创始人山下英子女士每次都会向快递员表示感谢，同时赠送给对方一些小点心或者饮料。

如果您家里有很多东西吃不完，可以用这样的方式与他人分享，表示自己的感谢之情，双方一定都会感到很高兴的。

## 224

### 对搬家公司的人表示感谢

我曾经搬过好几次家，每次搬家公司的服务都让我感到非常满意。工人们不仅动作麻利，而且服务态度也非常好。有些原本没有预约的工作，在我的请求下对方也非常痛快地答应了，非常值得信赖。

当工人们搬完东西准备出发的时候，我会按照人数给他们一些心意钱，并说："接下来也拜托大家了。这份心意虽然不多，请大家收下吃个午饭喝点饮料吧。"当整个过程都结束的时候，我还会给每个人一瓶饮料。

感谢的心情可以根据当时的情况，通过语言、礼物、现金等方式传达给对方。

## 搬家与祝贺

### 225
搬家时的问候

以前，搬家后去邻居家问候是理所当然的礼节。但现在因为"不想让别人知道自己一个人住""和同楼层的人几乎碰不到面"等安全和个人隐私问题，有时候也不一定要去挨家挨户地问候。

不过，要是家里有小孩子的家庭，因为不知道自己的孩子什么时候会给邻居添麻烦或者受到邻居的关照，所以最好还是与隔壁的邻居以及楼下的邻居打声招呼。

在这个时候请一定要带着孩子一起，拿上一些礼物去登门拜访。人就是这样，对于不认识的孩子只会感觉吵闹，但要是认识的孩子，容忍度就能提高不少。

## 226

### 祝贺升学、祝贺就职的时候应该给多少红包?

祝贺升学和祝贺就职的时候,给的红包金额可以参考
"每年给孩子的压岁钱金额"。接受红包的一方,如果能够
用就职后得到的薪水给赠送红包的一方买一些小礼物,一
定会让对方感到很高兴。如果能够培养这样的感恩意识,
就一定能够逐渐成长为一个有教养的人。

# 看望病人

## 227
### 看望病人时的礼节

看望病人时也有许多需要注意的地方，请大家务必牢记。

• 逗留时间

看望病人时间不宜太长，在十五到二十分钟即可。因为病人即使感到疲惫也不好意思说出"送客"这样的话。所以，在看望病人时必须自己把握时间。如果不是单间病房的话，还要考虑到同房间的其他病人，不要高声喧哗。

## • 服装

医院里肯定有病情比较严重的病人，因此应该尽量避免身着过于华丽的服装出现在医院之中。此外，患者大多对气味比较敏感，香水可能会导致病人的病情加重。所以，去医院看望病人时不要喷香水。

## • 礼物

过去看望病人都会带鲜花，但收到鲜花的一方需要准备花瓶，还要定期换水，反而会给病人及其家属增添负担，所以现在已经尽量不送了。还有一些医院从卫生的角度考虑，禁止携带鲜花进入病房。

如果带食品作为礼物的话，要先确认是否对病情有影响。此外，需要剥皮才能吃的水果以及需要冷藏保存的水果都不太合适。推荐赠送一些在医院里很难买到的书籍或杂志。因为能够帮助病人转换心情，对方一定会很喜欢的。

## • 在医院内说话时的注意事项

出了病房之后，不要立刻与同行之人愉快地聊天。因为如果让病房内的病人听到你们的笑声，他们或许会感到非常寂寞和孤独。即使是这种不经意间的事情，也要多为他人考虑。

## 228

得知病情后应该第一时间赶去看望吗？

生病住院的人都是没有化妆且躺在床上的模样，可能连头发都没有洗过。尤其在看望女性病人的时候，最好在去之前和对方确认一下。

即使你很担心对方的病情，恨不得第一时间赶去看望，也应该先和对方的家人取得联系，判断一下具体的情况再做决定。

## 229

如果对方说"不要来"怎么办？

当和对方取得联系，告知对方自己要去看望的时候，对方可能会说："我没什么大事，不用特意来看我。"

这种情况，有可能是对方因为某种理由真的不希望有人来，也有可能是虽然希望有人来看望但客气一下。

如果无法判断究竟是哪一种情况，可以再追问一句："您哪天比较方便？我约个时间过去。"

要是对方不肯说出具体的时间，那就说明他是真的不希望别人来，如果对方给出了具体的时间，那就不用顾虑，去看望吧。

# 中元节与年末

## 230

### 中元节与年末应该送礼物吗？

在每年的中元节和年末，都应该给上司、客户、媒人（给媒人送礼物一般要连续送五年，最少也要连续送三年）、公公婆婆、自己的父母、家中其他长辈等对自己有所关照的人赠送礼物。

很多人都不知道，中元节和年末时赠送的礼物是表达自己的感谢之情，对方不需要回礼。因为不会给对方造成负担，所以请放心地送礼物吧。

## 231

要么時应该给学校的老师送礼物吗？

有很多家长问我，年末的时候是否应该给孩子补习班的老师送礼物。在班级里有多个学生的情况下，大家可以一起送一个礼物。而在单独授课的情况下，似乎也有很多学生会给老师送礼物。

此外，有的人会在第一次去上课的时候给老师送一个礼物，并说："今后请多多关照。"考试合格后也会在报喜的同时给老师送礼物。如果这些和中元节与年末的时间点重合的话，就可以合二为一，不用再额外赠送礼物。

## 232

要在礼包上写自己的名字吗？

如果不想太明显，一般不会在礼包上写名字，但在正式赠送的场合，还是写上自己的名字比较好。尤其是在有很多人送礼物的情况下，写上名字可以让对方更容易辨认。在这种情况下因为可能有同姓的人，所以最好将全名都写在礼包上。

## 233

### 没有送对方礼物，却收到了对方的礼物怎么办？

"我没有送对方礼物，却收到了对方的礼物，应该还礼吗？"如果是在中元节或者年末的时候收到受自己照顾的人送来的礼物，这是对方为了向你表示感谢之情送的，基本上不用还礼。

如果实在想还礼，可以在盛夏、新年、隆冬等一些节日时或者圣诞节的时候给对方送礼物。

收到礼物时，比还礼更重要的是立即向对方表示感谢。因为对方也很在意自己送的礼物是否安全地送达了。所以，在收到礼物后要第一时间给对方打电话表示感谢。

此外，需要注意的是，中元节的时候给对方送了礼物的话，在年末的时候也要赠送对方礼物，这是正确的礼节。

在年末继续赠送礼物代表这一年间都受到了对方的关照，而不是只有上半年受了对方的关照。所以不能只在中元节的时候赠送对方礼物。

# 社交网络

## 234
### 网上取昵称的方法

这是我们身边很常见的问题。

孩子的幼儿园、学校、课外班、妈妈友之间的联络等大多通过群聊。在这个时候，如果你使用卡通图片或者宠物照片做头像，通过昵称也无法识别你的身份的话，就无法让别人知道你是谁。

如果只是和家人或者亲戚朋友进行私人交流的账号，不管取什么昵称都无所谓，但作为孩子家长参与的讨论组和群聊，最好还是用本名作为昵称，如果可以的话最好用自己的照片作为头像。即使他人可以给你设置备注，但这种不给别人添麻烦的态度也是有教养的表现。

这都是谁啊?!

# 235

## 如果有人在社交网络上发表了攻击自己的信息怎么办?

随着社交网络的普及，有些本人不愿公开的信息、不当的言论、挑衅的发言等内容被发表出来的情况越来越多。如果在公升的场合直接提出异议，很有可能会引发争执，所以通过发送私人信息进行沟通或许是更好的办法。

为了尽量避免在社交网络上与他人发生争执，当收到具有攻击性的信息时，作为一个成年人，可以很大度地表示"多谢提供建议""我会参考的"。

我认为一个人的教养和品行，很大一部分体现在是否能够控制自己的情绪上。"修身养性"非常重要。

## 236

### 注意自己在社交网络上的言论

现在很多人都在使用像朋友圈、微博之类的社交网络。只要登录这些网站，就能知道别人在做什么，还可以通过点赞和关注来与对方互动，现代化的网络极大地拉近了人与人之间的距离。

但网络在给人们带来便利的同时，也很有可能使人在无意识中做出失礼的举动。在没有得到本人同意的情况下就将对方的姓名和照片发送到社交网络上的问题就经常发生。

比如，在社交网络上发表了"××邀请我去了一个很漂亮的咖啡厅"的信息，别人看到后可能会认为"啊，竟然邀请了那个人却没邀请我"，而××本人也可能对此感到困惑，"我不想让别人知道这件事"。

此外，像"朋友心情不好，陪他出来喝几杯"之类的信息也要注意。因为在你的关注者中可能有认识这个朋友的人，还可能有他在工作上的相关人员。作为一个成年人，在社交网络这样的公共场所要注意影响，并以成熟的方式说话、行事。

## 专栏 "有教养"的家长

每年的十月和十一月，我们学校的电话都会响个不停。

没错，这是参加"名校亲子礼仪教室"的家长们在面试之后打来告知结果的电话。这也是我一年中最忐忑不安的时期。

"老师，我们被××幼儿园录取了""我们顺利地进入了××小学"，有些家长在拿到录取通知书后会第一时间打来电话，我接到电话后也会由衷地为他们感到高兴。

不仅如此，在入学当天和第二天，顺利入学的孩子的家长还会再次打来电话致谢，与我分享自己的喜悦，让我切实地感受到"能够顺利通过名门学校面试的家长就是不一样"。

但更让我感动的，是非常遗憾地没能顺利通过面试的孩子家长。

全家人一起为了面试准备了一两年的时间，结果却没能成功，一定让人感觉非常难过吧。即使如此，这些学生的家长仍然会在得到结果时立即打电话来通知我结果。

不仅如此，他们还会特意来到学校对我表示谢意。"通过在您的学校的学习，我们夫妇二人认真地思考了对孩子的教育方式，而且与孩子一起度过的时间对我们来说也是非常宝贵的回忆""这一年来非常感谢您的关照。托您的福，我们家的孩子成长了很多"。

人在身处幸福和顺境之中的时候，会很自然地温柔对待周围的人，表现得彬彬有礼。但处于逆境之中的时候，才更能体现一个人真正的"教养"和"品德"。

入学面试对每个家庭来说都是非常重要的事情。不管结果如何，都能以正确的态度接受的父母，最值得尊敬。

说起商务礼仪，很多人都觉得很严格，会让人感到很有压力，

但实际上因为商务场合中的上下级关系和立场都非常明显，

所以，反而比日常生活中的礼仪更加简单。

最基本的是诚实和能让对方信赖的言行。

此外，不要只看到眼前的情况，

在商务场合还需要培养自己能够看到未来发展趋势的俯瞰力。

第七章

工作礼仪

# 举止

## 237
### 被上司叫去的时候

在公司被上司叫到办公室去的时候，站在什么位置比较合适呢？从商务礼仪的角度来说，应该站在上司的斜前方。

走到上司身边肯定是不对的，但站在上司的正前方，会使坐着的上司觉得有压迫感，就好像从上方俯视上司一样，所以要尽量避免这样的站位。而站在上司的斜前方，既能够保持距离，又不会使上司觉得有压迫感。虽然只是很小的细节，却能决定上司对你的印象。

## 238

### 坐电梯时应该让谁先走?

带领客人坐电梯的时候,不管是进电梯还是出电梯,都要让客人先走。当电梯开门时,对客人说"您先请",等客人走进电梯之后自己再跟进去,站在电梯按钮跟前。电梯抵达时,要帮客人按住"开门"的按钮,让客人先出去。

但在客人数量较多的时候,为了避免电梯门在客人进去一半的时候关闭,需要自己先进入电梯按住"开门"的按钮,然后再请客人上来。

还有一点需要注意。为了不让先出电梯的客人感到迷茫,需要在电梯还没开门时告诉对方"一会儿下了电梯之后请往右走"。

## 239

### 挂外套的方法

去拜访客户时，或者在咖啡厅里开会时，脱下的外套应该放在哪里呢？最正式的做法是将外套放在自己的包上。与地位比较高的人见面或者在商务场合的时候，这种做法是最合适的。其次是将衣服叠起来挂在自己坐的椅子靠背上。最随意的方法是将衣服披在椅子背上，这是只有和亲朋好友在一起时才能用的方法。

## 240

### 拜访客户时包应该怎么摆放？

拜访客户或者地位比较高的人时，包可以按照以下的顺序来择位摆放以示谦逊。

①椅子旁边的地上→②椅子后面→③旁边的椅子上或者沙发的旁边

此外，底部带铁钉的包或者大号的手提袋等外出时会放在地上的包，为了避免弄脏椅子和沙发，最好直接放在地板上。

## 241

### 商务场合应该送什么样的礼物？

如果办公室里有很多员工，送那种需要用刀来分割的礼物就很不方便，所以应该送单独包装的礼物。此外，因为办公室里不一定所有人都在场，所以最好选择保质期长一些的礼物。此外，需要冷藏和冷冻的东西要考虑办公室里是否有冰箱，办公室的环境是否能够让员工们立即食用，等等。

## 242

可以确认礼物是否已送到本人手中吗？

我曾经给一位关照过我的日料店老板送过一份礼物，但因为当时他不在，所以我就拜托店员替我转交。

这位老板是一位很有礼貌的人，收到礼物之后一定会道谢，这次却一直都没有回应。大家一定也有过类似的经历吧。

如果担心东西可能没有送到，可以打电话和对方确认一下，"本来应该亲自送到您手上……但之前您没在店里，所以拜托店员替我转交，请不要客气"。

不过，要是感觉这样做显得太斤斤计较的话，也可以不去管他，就顺其自然吧。

## 243

### 开会时需要使用手机怎么办？

以前，在开会的时候将手机放在桌面上，被认为是没有礼貌的行为。但如今随着智能手机的普及，在商务场合使用手机确认信息的情况越来越多，对某些行业和职业来说甚至成为很正常的场面。因此，只要同席的其他人不会感到奇怪，使用手机也没有什么问题。

但不同行业和不同年龄层的人，对开会时使用手机的印象也各不相同。而且在双方刚见面交换完名片的时候，立即将手机放在桌面上也不太合适。在用手机之前先和对方说一声"我用一下手机"，也是有教养的表现。

## 244

### 在商务场合不要使用带公司 logo（标识）的赠品

笔记本、圆珠笔、文件夹……很多企业和团体都会赠送一些印有自己 logo 的办公用品。虽然其中可能有你比较喜欢的款式，但在重要的商务场合最好还是不要用这些赠品。因为在商务场合使用的办公用品会影响对方对你的评价与你的信誉，所以最好使用一些优质的名牌产品。

## 245

### 思考的时候不要看天花板

似乎很多人在思考的时候，都会习惯性地抬头看着天花板。

虽然这种行为不算失礼，但抬头看着天花板思考的样子会显得有些幼稚，在商务场合会给人留下缺乏自信的印象，所以应该尽量避免。

此外，一直看着对方的眼睛思考会使人感到压迫。为了避免出现这样的情况，在思考的时候可以注视自己的手或者看向斜下方。

# *246*

## 与同事擦肩而过时应该怎么做?

在公司里与同事擦肩而过的时候，即使对方是不认识的人，也应该自然地点头示意。这样不仅能够给别人留下好印象，而且能够使整个公司的氛围都变得和谐起来。

我最早在丸之内的公司上班时，公司里有不管在什么地方、不管遇到谁都主动打招呼的企业文化，我也养成了这样的习惯。后来我被外派到另一个企业工作了几个月，结果这家企业的同事见面完全不打招呼，甚至连眼神都躲躲闪闪的，让我受到了很大的打击。

如果大家所在的企业没有打招呼的文化，不妨拿出勇气自己主动打招呼。如果能够将这种习惯扩展到整个部门、整个楼层甚至整个公司的话，那该是多么了不起的一件事啊。

# 交换名片

## 247
### 交换名片

交换名片是在商务礼仪课中经常被提到的一个场面。自己做的究竟对不对呢？趁这个机会来确认一下吧。

### •商务人士必须有名片夹

在交换名片时，没有名片夹的人难以取得对方的信任。在商务场合，名片与本人一样。如果不能仔细保管他人的名片，会让人怀疑你对工作的态度。因此，请一定要准备一个优质的名片夹。

## • 选择名片夹的方法

名片夹能够体现出一个人的审美和品位，但在商务场合不能一切都随心所欲，不能只考虑自己的兴趣，名片夹应该选择能够给对方留下好印象的款式。

过于花哨、印有卡通图案或品牌 logo 的名片夹不适用于所有场合。此外，有皮带和卡扣等不方便打开的名片夹也不太合适。

从便于使用的角度来说，我推荐使用皮质的两折或三折的名片夹。

## • 交换名片时的距离感

交换名片时，如果与对方距离过近会显得没有礼貌。保持适当的距离，这一点在任何时候都很重要。

## • 不要突然将名片递出去

"这是我的名片。"一边说着一边将名片很有气势地双手递出去——电视剧里昭和年代的大叔在交换名片时经常这样做。但对年轻人和女性来说，这种动作不够优雅，所以有这种习惯的人最好注意一下。

## • 从拜访者和地位较低的人开始

即使是同时交换名片，职位、地位或年龄比较低的人也应该先报上自己的姓名并且将自己的名片递出去。

此外，在公司里交换名片时，应该由拜访者先递出名片。因为去拜访是打扰了对方，所以应该拜访者先递出名片。

不过，在大多数情况下，很多要素都会复杂地混合在一起，所以需要综合考虑，如果实在不知道应该怎么做，最保险的方法是"自己先递出名片"。

# 248

## 比交换名片更重要的事

初次见面的时候忽然发现找不到自己的名片，于是在身上和包里到处翻找，让对方一直等在那里。大家经历过这样的事情吗？

如果一时找不到名片，应该立即放弃寻找，和对方说："初次见面，我是 × × 公司的 × ×。"然后接过对方的名片并道歉说："非常抱歉，我的名片稍后给您……"

没有名片就不知道应该如何自我介绍的人，恐怕很难得到对方的信任。所以首先要做好自我介绍，然后再找机会找到名片交给对方。

# 传达方法

## 249
### 可以说"请在今天之内完成"吗？

不管在公司内还是公司外，如果有一项工作任务"无论如何都要在今天之内完成"的话，应该如何传达给对方呢？在这种情况下，不管你用多么礼貌和客气的措辞，只要以"在今天之内完成"为前提，而且还是命令的语气，都会使对方感到不愉快。

因此正确的传达方法应该是询问对方："这项任务如果我能做的话就一定不会麻烦您，而且我也知道您现在的工作任务很重，但实在是没有办法，可以拜托您吗？"像这样用疑问词做结尾，将判断交给对方，就比较容易让人接受。

"总是麻烦您应对这种紧急的工作，真是非常感谢，这次也非常抱歉……"像这样先向对方传达感激之情，然后再商量工作上的事，也能提高对方接受的可能性。此外，再添一句"如果有什么我能帮上忙的尽管说"，更能获得对方的好感。

## 250

不引起对方反感的催促方法

已经过了约定的时间，但对方还是没有将需要的资料发过来……想催促又不知道怎么开口，只能委婉地询问"那件事怎么样了"。但这么一问的话，对方马上就能说出之所以没按时提交的理由，如果理由是"其实我最近身体有点不舒服"的话，那就更不好意思催促对方了。

在这种情况下，不要询问进度和理由，而是只将事实传达给对方："今天下午六点之前要用的那份资料，我一直在等着。虽然知道您很忙，但拜托您了。"如果是工作上的约定，不需要考虑太多，保持一定程度的理性思维才是成熟的体现。

## 251

### 想早点回去却难以脱身时

因为一些私人的事情需要早点下班，比如要去接孩子所以必须在下午四点之前离开公司……当自己需要提前离开公司，而其他同事还在忙碌的时候，就很难说出口。

在这种情况下，最好在来上班的时候就将自己需要提前下班的情况告诉上司和同事。这样在离开的时候就能顺利一些。

## 252

### 拒绝工作的方法

本来已经超负荷工作，上司却又给自己安排了工作。遇到这样的情况会感到很困扰吧。但在明明已经做不完的情况下又接受新的工作，结果只会是给自己和对方都造成损失，所以适当地拒绝也很重要。但在拒绝的时候需要注意措辞。

不能直截了当地说"因为太忙所以做不了",而是应该委婉地告知对方不能接受的原因,并和对方商议解决的办法,比如,"现在我手头的工作已经满了,可以让我去安排一下吗?""这么重要的工作,不能出错,但我现在工作任务太多了,所以有点担心"。

总是牺牲自我,对任何工作都来者不拒并不是有教养的表现。能够将当时的情况和自己的想法准确地传达出去的人才更值得信赖,也更有责任感。

## 253
### 不要夸人"精明"

"精明"这个词虽然有"精明强干"的意思,但也有"狡猾""奸诈"的意思。所以打算称赞别人的时候,为了不引起对方的误会,最好不要用这个词。"你工作效率真高""安排得井井有条",换成这些不会引起误会的说法吧。

## 254

### 对地位比较高的人不能说这些话

平时我们顺口说出来的话，对地位比较高的人来说可能是不礼貌的。以下这些话就需要注意一下。下面的示例中右边的话说出来更合适：

- 多谢帮忙——承蒙关照

- 辛苦了——让您受累了

- 跟我来吧——能让我和您一起去吗

- 学到了——让我受益匪浅

- 真棒——了不起

- 听明白了吗——我解释清楚了吗

## 255

### 怎样告诉对方"一会儿再说"？

当你很忙，没有时间的时候，很容易顺口说出"很抱歉，我现在没空""一会儿再说可以吗"。

在这种情况下，正确的做法是将什么时候有时间帮忙一并告诉对方。"现在我有一个马上要收尾的工作，等我三十分钟可以吗？""我今天的时间都安排满了，明天一早可以吗？"

如果因为难以拒绝而不给出准确的回复，反而会让对方以为遭到了你的拒绝。选择让双方都不会产生压力的语言非常重要。

## 256

### 如何将难以启齿的事情传达给对方？

"本来我不想说这些话""可能是我多管闲事""我说这

些是为了你好""之前我就一直觉得……",当听到这样的前提时,接下来要说的肯定不是什么好话了,很容易使对方产生抵触情绪。

如果必须将一些难以启齿的事情告诉对方,首先应该说"我也不是很确定""可能是我搞错了",这样能够减轻对方的防备心理。

比如,对总是带着浓烈香水味的同事说"啊,你今天是不是喷香水了",像今天才发现一样,就不会使对方感到尴尬。

在提醒别人注意的时候,最好也要考虑给对方留点面子。

## 电子邮件·在线交流

### 257

#### 电子邮件一定要写姓名

我学校和我个人的邮箱经常会收到没有写自己姓名的邮件。在这种时候我就只能检索历史往来邮件，然后才知道"原来是××发来的邮件"。

如果只写姓氏，有可能会出现姓氏相同的情况，所以还是要检索历史往来邮件才能确定是谁。除了频繁邮件往来的人，为了节约对方的时间，请一定要在电子邮件上写明自己的身份。

## 258

## 回复邮件时适当调整主题

邮件的主题应该要让人一眼就能看出邮件的大致内容。

如果主题与邮件的内容不符，却仍然继续这样回信的话，会给人留下不认真的印象，而且可能造成对方的理解错误。

为了便于对方理解和检索，在邮件回复次数比较多的情况下，应该适当调整邮件的主题，使之符合邮件内容。

反之，在反复讨论同一个问题的时候，如果每次都更改主题也是错误的做法。因为这样对方就必须将之前所有的邮件都看一遍才能知道究竟发生了什么，反而会给对方添麻烦。具体应该如何调整邮件主题请随机应变。

## 259

### 参加在线会议时可以喝饮料吗？

注重礼节的人，对于参加在线会议时是否可以喝饮料这个问题感到非常纠结。

首先我们可以参考一下，在参加线下会议时是怎么做的呢？如果自己的上司或者客户喝了，那么在对方没有说话的时候，我们也可以喝饮料。

但对"有教养的人"来说，在喝之前应该先和对方说一声，"不好意思，我有点口渴""抱歉，我可以喝点水吗"。这样会让对方认为你是一个很有礼貌、很诚实的人。

此外，在面试和初次见面的时候，或者与比自己地位高的人一对一面谈的时候，最好不要喝饮料。

# 结　语

　　读完本书之后，你有没有产生"想试一试这个"的想法呢？

　　最后，我来给大家介绍一个我学校的学生的经历吧。

　　这是一位三十多岁的职业女性，来学校的目的是为相亲做准备，不过有一天在工作时，她忽然想到"试一试昨天学到的内容吧"，于是就在给上司提交资料时按照课堂上教的内容做了。

　　结果她与上司之间原本称不上良好的关系，仅仅因为这一次优雅的举止就发生了彻底的改变。一直以傲慢的态度对待她的上司忽然变得对她充满了好感，而且还处处维护她，甚至开始邀请她一起吃午饭。

　　这位学员自己也对这意想不到的变化感到非常惊讶。但让我感到惊讶的是，这位学员的上司也是一位女性。由此可见，不管对方是同性还是异性，"有教养"的举止都能让人感到心情舒畅。

通过上述事例可以看出，有时候在短短几秒之内的一个动作，就能极大地改变他人对你的印象、感情和评价。你的行为和举止能够传达出比语言更加强烈的信息，我自己也对此感同身受。

即使只是给对方递礼物这一件小事，对手提袋的处理方法、递过去时的动作、手和手指的优雅姿势、鞠躬的角度、视线等，都有许多要求。很多学员在听到这些的时候都不由得感叹道："竟然在这样的地方也能体现出'教养'呢。"

对很多人来说，虽然自己也比较注重礼节，却不知道应该怎样去做。事实上，普通人与"有教养的人"之间的差距就在于此。只要掌握了要领，做起来其实非常简单。如果本书中的内容能够对你有所启发的话，不妨从今天开始就尝试一下吧。

自从我的前作发售以来，我收到了很多读者发来的信息，"解决了我多年来的困扰，真是太好了"，"从今以后，我要把自己培养成理想中的那个'有教养的自己'"，等等。

我的理念是"教养也能够改变"，这一点能够得到大家的认可让我感到非常高兴，我也更加坚定了要让自己变得更有教养的信念。

如果大家在读完本书之后，能够拥有"渴望成为理想中的自己"的希望和目标，那将是我最大的荣幸。

为了你理想中的"教养"，现在就迈出第一步吧！

LIVIUM 礼仪学校代表

诹内江美